きみたちのSOSにこたえるシリーズ③

毎日を生きるコツ

～勉強《べんきょう》・将来《しょうらい》・習《なら》い事《ごと》～

「毎日を生きるコツ」編集委員会

Gakken

もくじ

勉強《べんきょう》

習《なら》い事《ごと》

将来《しょうらい》

はじまりはじまり ～プロローグ～

ハナちゃん、みきちゃん、次《つぎ》、体育《たいいく》だよ〜
そうだった！今行く〜！
次《つぎ》は体育《たいいく》だ！
ああ……体育《たいいく》やだなぁ……
どうしたの？
ぼく、体育《たいいく》キライなんだ
もう授業《じゅぎょう》ぜ〜んぶ体育《たいいく》でいいのにな−！
それいいね！
そんなの絶対《ぜったい》イヤだ！

そうなったら放課後《ほうかご》に
サッカーする体力、
なくなっちゃうわよ
あ！
それは
ダメだ
オレはもっと練習《れんしゅう》して
サッカー選手《せんしゅ》に
なるんだ！
がんばって
ねー
キン太《た》くん
夢《ゆめ》に
まっすぐで
すごいなぁ
ぼくは水泳《すいえい》
選手《せんしゅ》どころか、
水泳《すいえい》じたい
やめたくなる
事《こと》もあるよ
すごく
わかるわ～、
習《なら》い事《ごと》って
大変《たいへん》だよね
みんな将来《しょうらい》の
事《こと》とか、
いろいろ
考えてるん
だなぁ

ヒロくんは将来《しょうらい》の夢《ゆめ》とかある？
あるよ！お金持《かねも》ちになること！
そ、そうなんだ
ピーンポーン
パーンポーン
みなさん、こんにちは本日もパンダ校長がみなさんからのおなやみをお待《ま》ちしております
校長室前までおこしください
待《ま》っておるぞ
なやみポスト

なやみ……
なやみ……
なやみ……
なやみ！

なやみあるよ！
たくさん！
勉《べん》強《きょう》や
習《なら》い事《ごと》
将《しょう》来《らい》の事《こと》
相《そう》談《だん》して
みよう！

この本のキャラクターたち

あにまる町に住《す》む、楽しくて明るい仲間《なかま》を
ご紹介《しょうかい》！　この本で活やくするのはだれだろう？

あにまる南小学校 3年2組のみんな

ヒロ

ちょっとうっかりな、
のんびり屋《や》さん。

キン太《た》

サッカーが得意《とくい》だけど
勉強《べんきょう》が苦手《にがて》。

ハナ

ヒロくんのおさななじみ。
いつも元気。

コウ

こわがりだが、だれよりも
正義感《せいぎかん》が強い。

ユメ子

かなえたい、大きな
夢《ゆめ》を持《も》っている。

みき

マイペースで、大人な
考えの持《も》ち主《ぬし》。

くまお

おとなしくて、
いつもおおらか。

パンダ校長

子どもたちのなやみを
解決《かいけつ》したいと思っている。

うっそー

３人兄弟《きょうだい》の長男。
水泳《すいえい》が得意《とくい》。

カリン

おしゃれで、
スタイルばつぐん！

いっちー

勉強《べんきょう》が得意《とくい》。一人で
過《す》ごすのが好《す》き。

ポン子

あまいものと、
ヒロくんのことが大好《だいす》き。

アラン

外国からの転校生《てんこうせい》。
英語《えいご》ペラペラ。

もえ

やさしい心の持《も》ち主《ぬし》。
カエルが好《す》き。

本の使《つか》い方《かた》

この本に出てくるものを
きみのなやみ解決《かいけつ》に
役《やく》立ててね！

なやみクエスチョン

なやみを質問《しつもん》にしてあります。もくじからさがして読むこともできます。

8
おまもりがあれば成績もよくなるの？
ヒロくん、今日テストだけど勉強してきた？
してないよ！でも、だいじょうぶ〜
おじいちゃんにもらったお守りがあるからね
え……そんなんで、だいじょうぶなの？
もちろん！そのためのお守りだからね！
テスト中
あれ？あれ？
まったく
もうはじめから、おみくじ引いちゃうもんね
おまもりを持つ意味って？
おかしいなあ……お守りがあったのに
あら〜
当たり前じゃ！
ヒロはおじいちゃんの気持ちがわかっとらん！
決して、勉強しなくてもいいという意味でわたしたんじゃないぞ！
人能く道を弘む。道、人を弘むるにあらざるなり。
『論語』衛霊公第十五
お守りがあるから、いい成績をとれるのなら、勉強はいらんじゃろう。そうではなく、そのお守りにはじぬよう勉強して努力することが大切なんじゃ。

パンダ校長のおみくじ

おみくじの中身《なかみ》は、昔《むかし》から伝《つた》わる『論語《ろんご》』と『孫子《そんし》』の言葉《ことば》をもとにしています。なやみ解決《かいけつ》のヒントとして、使《つか》われています。

なやみアンサー

この本での、解決《かいけつ》の道筋《みちすじ》をまとめています。

※『論語』『孫子』については、あとがき（P.158-159）もご覧ください。

1Q 本を読むと、どんないいことがあるの？

あのマンガ、面白《おもしろ》かったな～
いっちー！ この本、すごく面白《おもしろ》かったよ
でしょー！！
いっちー、その本、ぼくにも貸《か》して～
いいよ！ ヒロくんもきっと楽しめると思う！
あれ!? マンガじゃないし、文字が多い！
ワクワク
ZZZ

ヒロくんのもやもや

マンガは面白《おもしろ》いけど、外で遊《あそ》ぶほうが好《す》き！
マンガ以外《いがい》は絵も少ないし、ぼくにはまだちょっと早い気がする……
本って読まないとダメ？
読むとすごくねむくなる……
きっと読みづらいからだよ
外で遊《あそ》ぶのもいいけど、本にはちがうよさがあるんだ！
ぼくが好《す》きな本をヒロくんにも好《す》きになってほしいんだ！
Z Z Z
体を動《うご》かすのは大切！
おみくじ
おみくじ
ガシャ
ガシャ
じゃが、本にも本のよさがたくさんあるんじゃぞ～

博《ひろ》く文を学びて、これを約《やく》するに礼《れい》を以《もっ》てせば、また以《もっ》て畔《そむ》かざるべきか。

『論語《ろんご》』雍《よう》也《や》第《だい》六

◆意味《いみ》
学問《がくもん》に励《はげ》む君子《くんし》が、幅広《はばひろ》く文献《ぶんけん》・書物《しょもつ》を学んで、礼《れい》によってその知識《ちしき》を集約《しゅうやく》するならば、正しい道徳《どうとく》の規範《きはん》から外れることはないだろう。

本を読む、ということは、まず、自分が知らなかったことを知ることができる。さらにその本に書いてあることを理解《りかい》できて、説明《せつめい》できるようになれば、さらに自分のためにもなるのじゃ。

わしも本好《す》きじゃよ

本のすごいところって、どんなとこ？

読むだけで、知らないことを、学ぶことができる

ないたり笑《わら》ったり、お話に出てくる主人公《しゅじんこう》の気《き》持《も》ちになれる

ふだん見ることができないものを見ることができる

外で遊《あそ》ぶのもいいんじゃが、本には本のみりょくがたくさんあるんじゃよ

「本」には、いろいろな種類《しゅるい》があるのを知っている？

たとえば……

★図《ず》かん。百科事典《ひゃっかじてん》

調《しら》べたり、名前を知ったりするのに使《つか》う。知識《ちしき》をふやすのにはもってこいの本。

★読《よ》み物《もの》

物語《ものがたり》や実話《じつわ》、伝記《でんき》など。登場人物《とうじょうじんぶつ》の気持《きも》ちになって読み、想像《そうぞう》の中で同じ体験《たいけん》ができる。

★絵本

言葉《ことば》と絵の両方《りょうほう》で表現《ひょうげん》した本。文字が大きくて読みやすいものが多《おお》いよ。

★さんこうしょ。学習関連《がくしゅうかんれん》

勉強《べんきょう》するために使《つか》う本。くわしい解説《かいせつ》や、練習《れんしゅう》問題《もんだい》などがのっている。

★あそび。工作

実用書《じつようしょ》といわれる。しゅみを深《ふか》め、特技《とくぎ》をのばすのに役《やく》立つ。

本を読むと、どんないいことがあるの？

☆想像《そう》像《ぞう》力《りょく》をみがける

本ではお話の様子《ようす》や情景《じょうけい》が文章《ぶんしょう》を使《つか》って書かれている。つまり、書かれている言葉《ことば》を読んで、きみが自分でその場面やじょうきょうをイメージするんだ。自然と想像力《そうぞうりょく》がみがかれて、また、相手《あいて》の気持《きも》ちを考えることも得《と》意《い》になるかもしれないね。

そうすると……

- 自分と向《む》き合《あ》う力がつく
- 考える力がつく
- 相手《あいて》のことを思う心が育《そだ》つ

このように、
本を読むことが
いろいろなことに
つながっている
のかもしれん。
本を読むと
どうやら
いいことばかり
のようじゃ

☆**集中力《しゅうちゅうりょく》**をみがける

本を読んで想像《そうぞう》する世界《せかい》は、自分の頭の中に広がる世界《せかい》。だから想像《そうぞう》をやめてしまうと、すぐにその世界《せかい》は消《き》えてしまう。本を楽しみ、次《つぎ》はどうなるのだろうと読み続《つづ》けるのは、きみの想像《そうぞう》をずーっと続《つづ》けていくこと。

そうすると集中力《しゅうちゅうりょく》が高まるんだ。気《き》持《も》ちも落《お》ち着《つ》いて、根《こん》気《き》強さも増《ま》すよ。

そうすると……

- **夢中《むちゅう》になれる**ことを見つける力がつく
- **宿題《しゅくだい》**が苦手《にがて》じゃなくなる
- **根気《こんき》強く**なる

☆**言葉《ことば》**を知ることができる

本の中にはみりょく的《てき》な文章表現《ぶんしょうひょうげん》がちりばめられている。だから本を読んでいると、いつの間にか言葉《ことば》をたくさん覚《おぼ》えられるよ。

いろいろな言葉《ことば》を使《つか》えると、考えることもはば広くなるんだ。

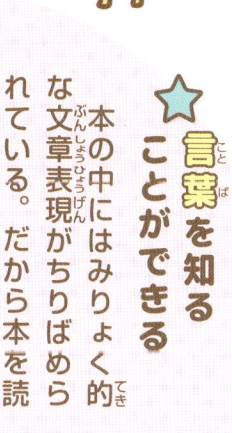

そうすると……

- **表現力《ひょうげんりょく》**がつく
- **自分の言いたいこと**がうまく伝《つた》えられる
- **文章《ぶんしょう》**を書くのが得意《とくい》になる

じゃあ、どうしたら本が好《す》きになる？

本を好《す》きになるためにおすすめの方法《ほうほう》を教えるよ！

★**まずは、うすくて読みやすい本を選《えら》んでみよう。読み終《お》えることができそうなページ数でだいじょうぶ。**

絵本でもいいよね！

★**短《みじか》いお話がいっぱい入っている本は読みやすい。**

短《みじか》いお話がたくさん入っている本は、一話一話、少しずつ読んでいけるのでおすすめ。『10分で読める』といった、時間の目安《めやす》が書いてある本も読みやすいよ。

★**きみと同じ年くらいの登場人物《とうじょうじんぶつ》が活やくする物語《ものがたり》を選《えら》んでみよう。**

★表紙《ひょうし》のふんいきやタイトルにひかれたものを、読んでみる。

★友だちにおすすめの本をきいてみよう。

★好《す》きなものが出てくる本をさがしてみよう。

どんなものでもいい、食《た》べ物《もの》でも虫でも野《や》球《きゅう》でも、自分が好《す》きなものが登場《とうじょう》する本なら、きょうみを持《も》って最後《さいご》まで読めるね。好《す》きというパワーを生かして本を読んでみよう。

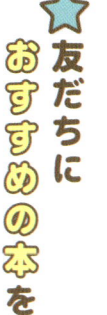

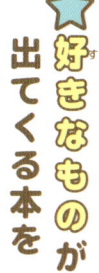

2 勉《べん》強《きょう》が苦《にが》手《て》。どうしたらいいの？

こんなに宿題《しゅくだい》が出た！
サッカーの練習《れんしゅう》があるのに!!
キン太《た》！サッカーは、宿題《しゅくだい》が終《お》わってからよ
ひえっ！
むずかしいよ～多すぎるよ～
夜になっちゃった
けっきょくサッカーの練習《れんしゅう》できなかった……

キン太《た》のもやもや

勉強《べんきょう》が大切なのはわかるんだ

でも、苦手《にがて》なんだよ……。どうしたらできるようになるか、わからない

キン太《た》のなやみ

とにかく勉強《べんきょう》が苦手《にがて》……。宿題《しゅくだい》がたくさん出ると本当にゆううつなんだ。

ああ……、サッカーだけやっていたいよ。

サッカーは得意《とくい》なキン太《た》じゃが、勉強《べんきょう》にはこまっておるのう

何が苦手《にがて》なのか、そこについて考えてみよう

これを知るをこれを知ると為《な》し、知らざるを知らずと為《な》せ。これ知るなり。

『論語《ろんご》』為政《いせい》第《だい》二

◆意味《いみ》
知ったことは知ったこととし、知らないことは知らないこととする、これが本当に知るということだ。

苦手《にがて》だからとさけるのではなく、まず何が苦手《にがて》か、向《む》き合って考えよう。それこそがはじまりじゃ。

わし流《りゅう》の解《かい》しゃくじゃが

何が苦手《にがて》なのか、それをまず見つめるところからはじめてみるのじゃ

は、はい！でも、勉強《べんきょう》の苦手《にがて》なところってどういうところなのか、考えたことないかも……

きっと勉強《べんきょう》すべてが苦手《にがて》ではないはずじゃ

勉強《べんきょう》にもいろいろ。得意《とくい》を考えてみると……。

算数

文章問題《ぶんしょうもんだい》は苦手《にがて》。でも、九九を覚《おぼ》えるのは楽しくて、きらいじゃないかも!?

国語

人の気持《きも》ちを読みとる問題《もんだい》が、苦手《にがて》できらい。漢字《かんじ》の書きとりのほうがいい!

社会

社会ってわかりやすいところとそうじゃないところが……。電車やバス、工場についてはきょうみがあるよ。

理科

ザリガニや虫は好《す》き。飼《か》い方《かた》ならまかせておけ。何を食べるかも知ってるぜ。

勉強《べんきょう》がぜんぶ苦手《にがて》なわけでは、ないじゃろう?

まずは、得意《とくい》からはじめて、苦手《にがて》へ立《た》ち向《む》かう

☆宿題《しゅくだい》も得意《とくい》から、はじめてみる

今日の宿題《しゅくだい》は何かな、と考えてみて。宿題《しゅくだい》を始める前に得意《とくい》なものがあれば、それからはじめよう。得意《とくい》なものからはじめれば、あとの苦手《にがて》な宿題《しゅくだい》も自信《じしん》を持《も》って取《と》り組《く》めるよ！

☆気分は名たんてい！苦手《にがて》の分せきをしながら、なぞ解《と》きしていく

算数のドリルなどは、たんてい気分でやってみよう。

例《たと》えば「260÷13」なんていう計算問題《もんだい》も、260まいの金貨《きんか》を13人のどろぼうが同じ数だけぬすもうとしている、一人なんまいぬすもうとしているんだ!?　という具合《ぐあい》だ。

☆わからなくてもだいじょうぶ！どんどん質問《しつもん》をしよう

ぜんぶが得意《とくい》な人なんてめったにいない。質問《しつもん》すると、ほかの人もききたがっていることかも。はずかしがる必要《ひつよう》なし。自分で質問《しつもん》した答えは、わすれないものだよ。

☆1日10分。苦手《にがて》に立《た》ち向《む》かおう

ゴールが遠すぎて見えないマラソンは、だれも走りたくないよね。ならば、10分と時間を区切《くぎ》ろう。「苦手《にがて》なもの」も10分だけと思うと、むしろやる気が出るものだよ。

苦手《にがて》とも少しずつ、仲《なか》よくなれるかもしれないよ

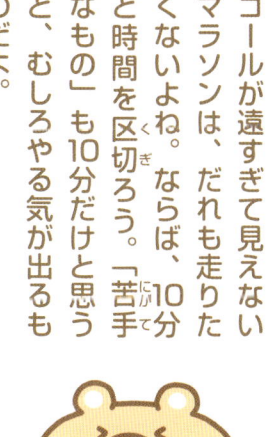

勉《べん》強《きょう》は、苦《にが》手《て》でもいい。
でも、あきらめたらダメなんじゃ。
少しずつでもいい、続《つづ》けること。
わからないままにしないこと。
苦《にが》手《て》と少しでも仲《なか》よくなれるよう
がんばるのじゃぞ。

パンダ校長

苦手《にがて》を分せき…と言っても算数はぜんぶ苦手《にがて》だしな……
おこまりのようだね
いっちー!?
ふふふ……名たんていだよ
キン太《た》はぜんぶ苦手《にがて》だと思ってるけど、実《じつ》は時間の計算は得意《とくい》なんだよね
いつもサッカーの試合《しあい》時間の配分《はいぶん》を計算してるからかも!
逆《ぎゃく》に小数点の問題《もんだい》はすごく苦手《にがて》なようだから、一度《ど》先生にしつもんしてみたらいいよ
そっか!おれ、ぜんぶ苦手《にがて》だと思いこんでたよ。もう少しがんばれそうな気がするぜ!
サンキューいっちー!
よーし! さっそく次《つぎ》の授業《じゅぎょう》で先生にしつもんするぜ!
がんばってね!

3Q

復習《ふくしゅう》はめんどくさい……。予習《よしゅう》だけじゃだめなの？

みきちゃんのもやもや

予習《よしゅう》はなんとなくわかるわ。でも、復習《ふくしゅう》って？

もう習《なら》ったのに、何度《なんど》もやる必要《ひつよう》ってあるの？

予習《よしゅう》と復習《ふくしゅう》、どっちが大切？

新しいことをどんどん学ぶことが大切だと思う！

だから、予習《よしゅう》って大切。それに新しいことを知るって楽しいもの！

一度《ど》やったことを何度《なんど》もやる復習《ふくしゅう》に時間をあまりとられたくないわ

みきちゃんそんなことないぞ！

復習《ふくしゅう》あっての予《よ》習《しゅう》じゃ！

日にそのなきところを知り、月にそのよくするところを忘《わす》るること無《な》し。学を好《この》むというべきのみ。

『論語《ろんご》』子《し》張《ちょう》第《だい》十九

◆意味《いみ》

日々新しい事を学び、月々学んだ事《こと》を復習《ふくしゅう》して忘《わす》れないようにすれば、本当に学問《がくもん》を好《す》きだと言ってよい。

新しいことを学ぶことはいいことじゃ。ただ、学んだことはわすれないように復習《ふくしゅう》して、自分のものにすることが、本当に学んだといえるんじゃよ。

どっちも大事《だいじ》なんじゃ

学んだことをわすれない、そのための復習《ふくしゅう》

よーし、この計算のやり方を覚《おぼ》えるように！
おうちで復習《ふくしゅう》しておいてください
よくわかったから復習《ふくしゅう》しなくてもわすれないよ
はーい!!
一週間後
は、はい
では、この問題《もんだい》を前に出て解《と》いてもらおう。先週勉強《べんきょう》したところだ
はい、Aくん、おねがいします。
36÷5=
あれ……？あれれ？わかってたはずなのに……？

そのときは「わかった！」と思っていても、復習《ふくしゅう》をしなければすぐにわすれてしまうものじゃ
そ、そうか……

池谷裕二教授式《いけがやゆうじきょうじゅしき》

4回の復習《ふくしゅう》で「わすれない」をテッテーしよう！

1 次の日の復習《ふくしゅう》

はじめて学習《がくしゅう》するときと同じように目で追《お》うだけでなく手で書く、声に出すといった努力《どりょく》をすることが重要《じゅうよう》。五感《かん》をたくさん使《つか》って覚《おぼ》えることがとにかく大切。

2 1の1週間後の復習《ふくしゅう》

1回目に復習《ふくしゅう》した内容《ないよう》と同じ内容《ないよう》の学習《がくしゅう》をくり返《かえ》すことが、かんじん。覚《おぼ》える内容《ないよう》が変《か》わると復習《ふくしゅう》の効果《こうか》が出ないよ。

3 2の2週間後の復習《ふくしゅう》

1回目、2回目の復習《ふくしゅう》でつまづいた部分《ぶぶん》を、さらにくり返《かえ》し問題《もんだい》を解《と》いてみる。きちんとノートやメモに書きだすことが重要《じゅうよう》。わかったつもりで見ているだけでは、わすれてしまう。

4 3の1か月後の復習《ふくしゅう》

1か月の間にすでに3回復習《ふくしゅう》をしていると、きみたちの脳《のう》の中では復習《ふくしゅう》した事《こと》がとても重要《じゅうよう》なこととして記おくされる。そして1か月後の4回目、復習《ふくしゅう》の仕上げとしてまた1回目のときの気持《きも》ちで最初《さいしょ》から学習《がくしゅう》すれば、これで〝わすれない〟がかんりょうする！

出典：『受験脳の作り方 脳科学で考える効率的学習法』池谷裕二・著（新潮文庫）

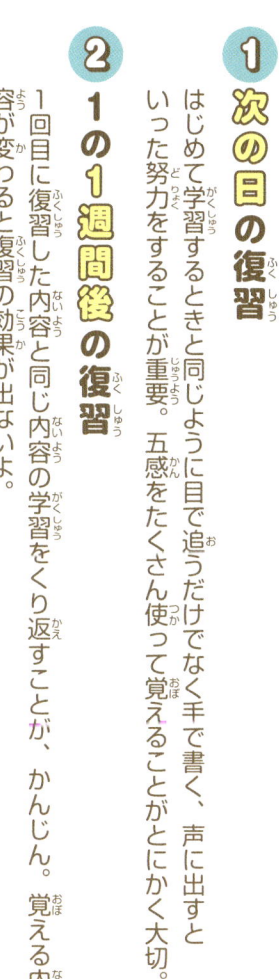

復習《ふくしゅう》をすると、どんないいことがあるの？

★自信《じしん》を持《も》って授業《じゅぎょう》に出られる！

★自分がわからないところが、どこかきちんと分かる！

★わからないところを、ちゃんとしつもんできる！

★授業《じゅぎょう》がちゃんと理解《りかい》できる！

そっか、ここ昨日《きのう》やったところだ！ちゃんと復習《ふくしゅう》しておいてよかった〜！

はい！ぼく、そこ説明《せつめい》できます！

わーい、いっちーといっしょに
復習《ふくしゅう》してよかった！
はじめて100点とれたよ！

★わすれることが少なくなる。

★テストの点がよくなる！

復習《ふくしゅう》は楽しいよ！

★しっかり復習《ふくしゅう》できていれば、同じようなことを学ぶときに役《やく》に立つ。

★新しいことにもよゆうを持《も》って取《と》り組《く》める。

Q4 テストはいつもまちがいだらけ。自分はダメなのかな。

ハナちゃんのもやもや

わたし、ダメなのかな……
勉強《べんきょう》したのに、できないなんて……
元気出して！
テストでいい点数がとれない！どうして！
今回はテスト勉強《べんきょう》もたくさんして、自信《じしん》あったのに……
がんばって勉強《べんきょう》しても、けっきょく意味《いみ》ないのかな
テストの才能《さいのう》って……？
テストの才能《さいのう》がないのかな……
ハナちゃん、そんなことないよ
なやまなくてもだいじょうぶじゃ、ハナちゃん
おみくじ
おみくじ
ガシャ
ガシャ
こんなときは、やっぱりおみくじじゃ！

過《あやま》ちて改《あらた》めざる、これを過《あやま》ちという

『論語《ろんご》』衛《えい》霊《れい》公《こう》第《だい》十五

◆意味《いみ》

だれでも間違《まちが》うときは間違《まちが》う。それを認《みと》めて改《あらた》めないのが本当の間違《まちが》いである。

勉強《べんきょう》でもなんでも、まずは、自分の弱点を知る、ということが一番大切。まちがえたところを自分の弱点ととらえ、ちゃんと知っておけば次《つぎ》にテストがあっても平気じゃや！
弱点を見つけたと思えばよいんじゃ

テストは、まちがえてもいい

学校で受《う》けるテストというのは
もし点数が悪《わる》くても落《お》ちこむ必要《ひつよう》はありません！
ざわっ
今の自分を知るためのもの得意《とくい》な部分《ぶぶん》、苦手《にがて》な部分《ぶぶん》を知るためのもの。
できないことを知ることが大切なのじゃ！
くわしくはぼくが解説《かいせつ》するよ！

まちがえてもいい。それはどうして？

まちがえる
わかっていないところが何か、わかる

わかっていないということに気づくことが大切なんだ

まちがえない
きちんとわかっているという、自信《じしん》になる

逆《ぎゃく》に分かっているということにも気づけるね

つまり、テストは健康《けんこう》しんだんのようなもの

どうして、いいの～!?

できなかったところは、ちりょうすればいいんじゃ

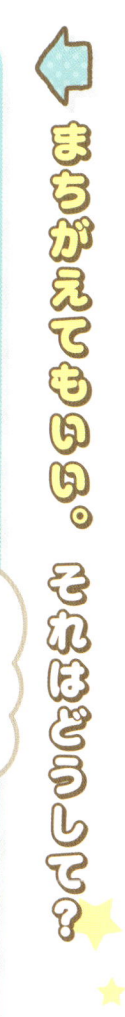

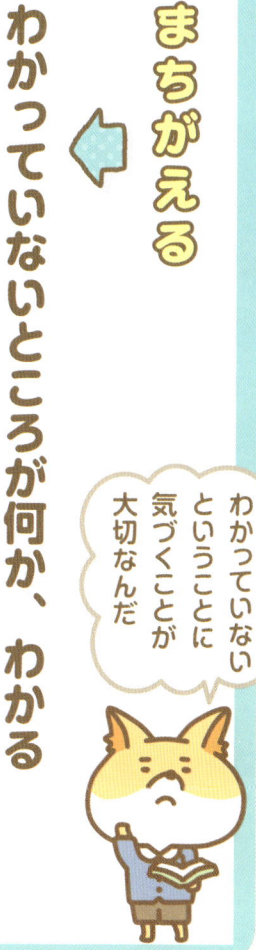

まちがえたテストは、自分だけの勉《べん》強《きょう》カルテ

★まちがえたところをじっくり考える！

自分がまちがえたところを、もう一度《ど》しっかり読んでみよう。そこを考えることが一番大切。

★なぜ？どうして？の心を持《も》つ

どうしてまちがえたのか、ぎもんを持《も》ってまちがえたところにもう一度《ど》チャレンジ！

★同じところはまちがえない

まちがいをしっかりかくにんしたら、同じミスはしないようにしよう。その気《き》持《も》ちが大切。

★悪《わる》い点数だったテストは100点への近道《ちかみち》チケット

まちがえたところは、きみの弱点。そこを攻略《こうりゃく》すれば、次《つぎ》はより良《よ》い点数に近づけるよ！失敗《しっぱい》は成功《せいこう》の元《もと》、次《つぎ》のテストに向《む》けてがんばろう！

そっか……、落《お》ちこんでばかりいないで次《つぎ》は失敗《しっぱい》しないようにがんばればいいんだね……

なんだかちょっと元気が出た！
テストってちゃんと見返《みかえ》さなきゃいけないんだね
わたしもこれからは、テストのまちがえたところしっかり分せきする！
まちがえても同じところをまちがえないようにすることが大切！

5Q 血液型《けつえきがた》と性格《せいかく》って関係《かんけい》あるの？

血液型《けつえきがた》うらないの本、
買ったんだ〜！
みんな何型《なにがた》？
わたしは
B型《ビーがた》よ
A型《エーがた》！
B型《ビーがた》はデザイナーに向《む》いてるみたいだよ
へ〜、そうなんだ
ズバリ！A型《エーがた》が向《む》いてるのは先生！
えぇ！
ほら
ほんとだ！書いてある！
Aがた
ズバリ！
先生《せんせい》!!
すごく向いてまーす！
わたしデザイナーになりたかったのにーー！
わたしがデザイナーかぁ〜……

もえちゃんのもやもや

血液型《けつえきがた》ってどういうこと？

先生に向《む》いてるって、言われたことないもん……。

もえちゃんの心の声

わたし、カエルが好《す》きなの。いっぱいグッズを集《あつ》めてるし。だから将来《しょうらい》、カエルをデザインした服《ふく》をつくる、デザイナーになりたい！

夢《ゆめ》を血液型《けつえきがた》で決《き》められるなんて、

いや！

血液型《けつえきがた》って関係《かんけい》あるの？

血液型《けつえきがた》。わしは何型《なにがた》だと思う？

性《せい》、相《あい》近《ちか》し。
習《なら》えば、相《あい》遠《とお》し。
『論《ろん》語《ご》』陽《よう》貨《か》第《だい》十七

◆意味《いみ》
人間の生まれつきは似《に》たものである。
しかし学習《がくしゅう》や習慣《しゅうかん》、努力《どりょく》による差《さ》は大きい。

うらないが気になる気持《きも》ち、わかるぞ。じゃが、重要《じゅうよう》なのは、自分が勉強《べんきょう》したことや習慣《しゅうかん》が本当の自分を作るということじゃ。

血液《けつえき》と性格《せいかく》のつながりって、あるの？

学者《がくしゃ》や研究者《けんきゅうしゃ》などの間でも、つながりがあるかないか、いろいろな考えに分かれています。

★関係《かんけい》ある派《は》

「当たってるって思うことがある!!」

〈ユメ子はかせの意見《いけん》〉

血液型《けつえきがた》うらないって雑誌《ざっし》や本でよく見るよね。それをわたしや、友だち、家族《かぞく》に当てはめると「当たってる！」って思うことが多いよ。

うん、わたしも当たってるって思うことはたしかにあるよ。

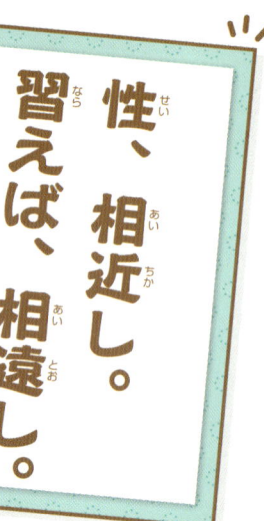

☆関係《かんけい》ない派《は》

「血液型《けつえきがた》のちがいは、小さなつぶの表面《ひょうめん》のちがい」

〈いっちーはかせの意見《いけん》〉

血液型《けつえきがた》って、小さなつぶ、赤血球《せっけっきゅう》の表面《ひょうめん》のちがいでしかないんだ。

赤血球《せっけっきゅう》は、酸素《さんそ》を運《はこ》ぶ赤いつぶつぶ。表面《ひょうめん》のちがいで、血《ち》を混《ま》ぜたとき、固《かた》まるときと固《かた》まらないときがあるんだ。

それだけのことで、性格《せいかく》が決《き》まるとは言いきれないね。

血液型《けつえきがた》うらないは、賛成《さんせい》反対《はんたい》、大きく分かれていて、いまだに結《けつ》ろんが出ていないのじゃ

でも、どうして？ 血《けつ》液《えき》型《がた》うらないって人気があるの？

ひみつ その1
だれもがいろいろな面《めん》を持《も》っている

まじめ、おおらか、好奇心《こうきしん》がある、デリケート……。血液型《けつえきがた》によっていろいろ言われるけれど、だれしも持《も》っている一面《めん》だよね。「あなたはまじめだ」って言われれば、そうかもしれないって思ったり、「おおらかだ」って言われれば、そうかなって、思ったり……それで当たっているように思えるのかもしれないね。

ひみつ その2
そうかも！と思わせるポイントがある

いくつかの性格《せいかく》を表《あらわ》す言葉《ことば》があるので、一つでもぴったりだと思えると、ぜんぶ当たってるような気分になるものじゃないかな。

でもそれって、ひみつ「その1」にあるように、だれしも持《も》っている一面《めん》であることも多い。さっかくもあると言えそうだね。

ひみつ その3
話《わ》題《だい》としてもりあがる

うらないって、なんだか気になって、もりあがるもの。テレビやざっし、それに友だち同士の話題《わだい》でも、もりあがるから、本当に当たるかどうかはさておき、人気が出て広まったといえるね。

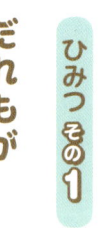

パンダ校長《こうちょう》の血《けつ》液《えき》型《がた》うらない

例《たと》えば、よく言われていることを見てみると……。

A《エー》型《がた》

しんちょう派《は》で気《き》配《くば》りじょうず

軽《かる》はずみなことはしないしんちょう派《は》。だんどりよくものごとを進《すす》め、まわりのようすもちゃんと見ていて、気《き》配《くば》りもじょうず。

B《ビー》型《がた》

発《はっ》想《そう》が自《じ》由《ゆう》なマイペース派《は》

明るい性格《せいかく》で、細かいことは気にしないタイプ。自《じ》由《ゆう》な発想《はっそう》をするアイデアマン。好《す》きなことにはとことん、はまってしまいそう。

O《オー》型《がた》

人をひきつける人気者《もの》

おおらかであまりおこらない。めんどう見がよいので、人をひきつけやすい。友だちも多いよ。

AB《エービー》型《がた》

物《もの》事《ごと》をなんでも器《き》用《よう》にこなせる

のんびりしていて、争《あらそ》うことを好《この》まない。いろいろなことにきょうみを持《も》ち、それらを器用《きよう》にこなせる。

たしかに、こう見てみると当てはまることが1つはあるみたい！

おもしろコラム

『信《しん》じる？ 信《しん》じない？ 歴史上《れきしじょう》の人物《じんぶつ》を"血液型《けつえきがた》うらない"してみたら……。』

A《エー》型《がた》!? 織《お》田《だ》信《のぶ》長《なが》

ごうかいなイメージのある、織《お》田《だ》信長《のぶなが》はA《エー》型《がた》だったという説《せつ》があるぞ。と、するとイメージとはちがい、実《じつ》は細かな部分《ぶぶん》まできっちりした性格《せいかく》だったのかもしれん。気《き》配《くば》りじょうずな性格《せいかく》とされるA《エー》型《がた》はもえちゃんと同じ。信長《のぶなが》は先生に向《む》いていたのかも!?

B《ビー》型《がた》!? 伊《だ》達《て》政《まさ》宗《むね》

わかいころから、さまざまな才《さい》能《のう》にあふれていたと言われる伊《だ》達《て》政宗《まさむね》。アイデアマンと言われるB型《がた》らしいところが多いのう。とくに和歌や能《のう》など芸術面《げいじゅつめん》にもすぐれておったと言われておるから、今の時代なら、有名《ゆうめい》な音楽プロデューサーになっていたかもしれんぞ。

O《オー》型《がた》!? 豊《とよ》臣《とみ》秀《ひで》吉《よし》

織田信長《おだのぶなが》の忠実《ちゅうじつ》な家来《けらい》として仕《つか》え、信長《のぶなが》の死後《しご》、天下統一《てんかとういつ》をした豊臣秀吉《とよとみひでよし》。おおらかで人に好《す》かれる才能《さいのう》にあふれたO《オー》型《がた》だったと、言われておるぞ。諸説《しょせつ》あるが、人気者《もの》であり、信長《のぶなが》にも信頼《しんらい》されていたことを考えると、O《オー》型《がた》らしいと言えるかもしれんのう。

AB《エービー》型《がた》!? 上《うえ》杉《すぎ》謙《けん》信《しん》

戦国時代最強《せんごくじだいさいきょう》の武将《ぶしょう》とも言われる上杉謙信《うえすぎけんしん》は、その軍事《ぐんじ》の才能《さいのう》をしめすような器用《きよう》なＡＢ型《エービーがた》だったと言われておる。ただ「実《じつ》は女性《じょせい》だった？」という説《せつ》まであるなど、なぞの多《おお》いミステリアスな人物じゃったというから、ＡＢ型《エービーがた》の人はちょっとミステリアスなところもみりょくなのかもしれん。

そっか！
うらないは、うらない。
わたしは自分の夢《ゆめ》を目指《めざ》すよ！
でもちょっと、
先生もいいかも……!?

☆血液型《けつえきがた》うらないが人気なのは、日本だけ？

日本で人気のある血液型《けつえきがた》うらないは、ほかの国ではあまり知られていない。もちろん、楽しい面《めん》もあるけど、だからって相手《あいて》のことを決《き》めつけたり、傷《きず》つけたりしては絶《ぜっ》対《たい》にダメ。注意《ちゅうい》しようね。

あくまでもみんなで楽しくなるためのものだね！

※ここで紹介している歴史上の人物の血液型などについては、諸説ある中の１つの解釈になります。

6 Q

パソコンやスマホがあればいつでも調《しら》べられるのに、歴史《れきし》を覚《おぼ》える必要《ひつよう》ってあるの？

あにまる町の歴史《れきし》のテスト、ダメだった～
30 ヒロ
ママにおこられる～！
ヒロくんは覚《おぼ》えるのが苦手《にがて》だね
100 イッキー
だって、スマホで調《しら》べればすぐわかるんじゃん？テスト中もスマホ使《つか》えればいいのにな～

スマホ、かしてね！

ダメに決《き》まっておるじゃろう!!

……

ヒロくんのもやもや
なんで覚《おぼ》えなくちゃいけないんだろう?
なんでも調《しら》べれば、すぐにわかるよ!
すぐに調《しら》べられるスマホやパソコンがある!
スマホやパソコンがあるんだから、これからはそれで調《しら》べればいいんだよ
どうせ覚《おぼ》えてもすぐわすれちゃうもん
覚《おぼ》えなくたって、すぐにわかるんだ!
スマホやパソコンがあれば解決《かいけつ》だ!
おみくじは、どんなことを教えてくれるのかのう
おみくじ
おみくじ
ガシャ
ガシャ

故《ふる》きを温《あたた》めて新しきを知る、以《もっ》て師《し》と為《な》るべし。
『論語《ろんご》』為《い》政《せい》第《だい》二

◆意味《いみ》
古《ふる》いことをしっかりと学び習得《しゅうとく》してから、新しいことを学ぶと、人の先生になることができる。

「温故知新《おんこちしん》」という四文字じゅく語でも有名な言葉《ことば》。調べてそのつど知るのと、自分の知識《ちしき》として昔《むかし》の歴史《れきし》などを知っておくことはまったくちがうことなのじゃ。

歴史《れきし》を覚《おぼ》えるのはなぜ？

ズバリ……ぼくの場合は、面白《おもしろ》いから!!

「歴史《れきし》」は今と強くつながっているところがあるから、おもしろい！

歴史《れきし》から新たな発見？ おもしろエピソード！

身近《みぢか》なものにも歴史《れきし》がある

★織田信長《おだのぶなが》も好《す》きだった、すもう

織田信長《おだのぶなが》といえばこわそうなイメージを持《も》っている人もいるのかな？　実《じつ》はそんな信《のぶ》長《なが》は、すもうが大好《だいす》きだったという歴史《れきし》が残《のこ》っているよ。

時間があると、1年に2、3回すもう大会をお城《しろ》で開《ひら》くほどだったんだとか。

すもうが日本の国技《こくぎ》とも言われるのは、このような長い歴史《れきし》があるからなんだよ。

★花火大会は、江戸時代《えどじだい》から

みんなが夏、楽しみにしている花火大会も今から300年近く前からはじまっているんだ。今でも東京《とうきょう》の隅田川《すみだがわ》で行われる〝隅田川《すみだがわ》花火大会〟は日本最古《さいこ》の歴史《れきし》を持《も》つと言われていて、江戸時代《えどじだい》の8代《だい》目将軍徳川吉宗《しょうぐんとくがわよしむね》が行った行事《ぎょうじ》がはじまりだったとされているよ。

今きみたちが見たり食べたりしているものを大昔《おおむかし》の人も感じていたんじゃよ
ポン

★坂本龍馬《さかもとりょうま》が好《す》きだった、カステラ

坂本龍馬《さかもとりょうま》が、長崎《ながさき》で組織《そしき》した海援隊《かいえんたい》の日誌《にっし》の中にカステラの作り方のメモがあったという話が残《のこ》っているよ。

ポルトガルから伝《つた》わった「カステラ」に龍馬《りょうま》たちは、びっくりしたのかもね。

歴史《れきし》って知れば知るほど面白《おもしろ》いでしょ？

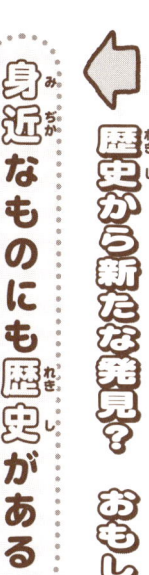

「歴史《れきし》」とは、今の時代につながっているもの

過去《かこ》に起《お》こった
戦争《せんそう》や災害《さいがい》などによる、
さまざまな悲《かな》しい事《こと》を
くり返《かえ》さないために、

「毎日を生きるコツ　学校・おうち・社会」でも戦争《せんそう》についてぎもんをのせているよ

歴《れき》史《し》上《じょう》のできごとを
覚《おぼ》えておく必要《ひつよう》も
あるんじゃやよ。

では、すぐに調《しら》べられるのに、覚《おぼ》える必要《ひつよう》があるのは、どうして？

覚《おぼ》える
⇦ 自分の知《ち》識《しき》の一つになる
⇦ ものの見方が広がる

もちろん、勉強《べんきょう》のためというのもあるが……

すぐに調《しら》べられるのは、とても便利《べんり》だね。一度《いちど》、知ったことでもいつでもまた調《しら》べられるからといって、覚《おぼ》えないでいると、

これは歴史《れきし》だけにかぎったことではないんだ。覚《おぼ》えるということが、大切なんだよ

せっかく知ったことも
わすれてしまう。
調《しら》べたことを
しっかり覚《おぼ》えておくと、
それは、自分の大切な
知《ち》識《しき》の一つになるんだよ。
知《ち》識《しき》がふえると、自分の
ものの見方も広がるんだ。

そうか！
これからは、
調《しら》べて終《お》わりじゃ
なくて、もっと
覚《おぼ》えるように
がんばるよ

ものの見方が広がるというのは……？

ヒロくん、バナナって実は明治《めいじ》時代以降《じだいいこう》に日本に入ってきた食べ物《もの》なんだって。わたしびっくりしちゃった
え！そうなんだ！ずーっと昔《むかし》から食べられている物《もの》だと思ってた。食《た》べ物《もの》にも歴史《れきし》ってあるんだね～

歴史《れきし》を知ると、当たり前だと思ってたことがそうじゃなく思える！

もっと調《しら》べるぞ！

いいね！

7

塾《じゅく》に行ってると、学校の勉強《べんきょう》がカンタン過《す》ぎて……。

今日は
花について
です
植物《しょくぶつ》に
ついては
もう塾《じゅく》で
やったから
テストの
勉強《べんきょう》でも
しよう
ここで問題《もんだい》です。
この花の名前、
だれかわかり
ますか？
右は
きゅうり！
家で育《そだ》て
たこと
あるよ！
左はなん
だろう？
左はじゃがいも
です。今度《こんど》、学校で
育《そだ》てるので覚《おぼ》えて
おいてくださいね
小数点の
足し算は
……

いっちーのもやもや
授業《じゅぎょう》はちょっとたいくつかも。
塾《じゅく》でやったところは、かんたんだもん!
新しいことを勉強《べんきょう》したい!
わかってるところを、また授業《じゅぎょう》でやるのは、時間がもったいない気がする……。新しいことを、もっといろいろ知りたいんだ!
学校で習《なら》うより先に塾《じゅく》で習《なら》うことがよくあるんだよね
うーん、いっちーは勉強《べんきょう》が好《す》きなんじゃな
おみくじ
おみくじ
ガシャ
ガシャ
しかし、おみくじはなんと出るかな

それただ慮《おもんぱか》りなくして
敵《てき》をあなどる者《もの》は、
必《かなら》ず人にとりこに
せらる。

『孫子《そんし》』行軍篇《こうぐんへん》

◆意味《いみ》
よく考えずに敵《てき》をあなどっている者《もの》は
きっと敵《てき》の捕虜《ほりょ》にされる。

どんなにわかって
いると思っている
ことでも、
油断《ゆだん》は大敵《たいてき》じゃ。
楽勝《らくしょう》だと思って、
油断《ゆだん》をしていると、
足元をすくわれるぞ。

新しいことを教わることだけが、勉強《べんきょう》・授業《じゅぎょう》ではない

学校と塾《じゅく》とでは、
同じことを
教えるときでも、
説明《せつめい》の仕方《しかた》も
ちがうかもしれん。
それぞれをちゃんと
きけば、より深《ふか》く
ていねいに理解《りかい》
できるのじゃ。
知ってるからもういい
なんてたかをくくって
いると、大事《だいじ》な
ことをききのがし
ちゃうぞ。

塾《じゅく》と学校、ちがうところはどんなところかな？

勉強《べんきょう》の仕方《しかた》のちがい

学校では、基本《きほん》をしっかり学ぶ。逆《ぎゃく》に、塾《じゅく》ではよりむずかしい問題《もんだい》や応用《おうよう》といったことを学ぶことが多いかもしれない。

学校では時間をかけて1つのことをていねいに学ぶ

2cm

塾《じゅく》では学校で習《なら》わないところも新しく習《なら》うことがある

なるほど!!
塾《じゅく》と学校の役割《やくわり》って、それぞれちがうんだね！

㊟ここで紹介しているちがいは一部です。

人に教えることで自分も勉強《べんきょう》になる！

本当に理解《りかい》できてるかな？
ためしてみよう！
この問題《もんだい》、どうやって解《と》くんだっけ？
うん？ え～っとね……
理解《りかい》できていないと……
え？ どうして、こうなるんだっけ？ あれれ？
ここをこうやって……。あれ、おかしいな？
きちんと理解《りかい》できていると……
あ、そっか！ なるほど！ わかったよ、ありがとう！
ここは、こうやるんだよ！ コツをつかめばかんたん。

ちゃんと説明《せつめい》ができてはじめて、
理解《りかい》できていると言えるのかもしれない。

ポン

自分は理解《りかい》できている、と思いこんでほかのことをやっていると、こんな失敗《しっぱい》も……。

テスト中
えっ！何この問題《もんだい》！花の名前なんて知らないよ～
こんな花見たことないし、きっとみんなもわからないだろうな
あれ？いっちー？できなかったの？
先生がテストに出すって言ってたじゃん
あ～、ぼくとしたことがミスなんて……
いっちー、ドンマイ
油断大敵《ゆだんたいてき》というやつじゃ
100

Q8 お守《まも》りがあれば成《せい》績《せき》もよくなるの？

人能《よ》く道を弘《ひろ》む。道、人を弘《ひろ》むるにあらざるなり。

『論語《ろんご》』衛霊公第《えいれいこうだい》十五

◆意味《いみ》
人々が真理《しんり》の道を高める。真理《しんり》の道が人々を高めるのではない。

お守《まも》りがあるから、いい成績《せいせき》をとれるのなら、勉強《べんきょう》はいらんじゃろう。そうではなく、そのお守《まも》りにはじぬよう勉強《べんきょう》して努力《どりょく》することが大切なんじゃ。
あくまでも自分次第《しだい》じゃ

お守《まも》りを持《も》つ意味《いみ》って？

おかしいなあ……お守《まも》りがあったのに
あら〜
当たり前じゃ！
ヒロはおじいちゃんの気持《きも》ちがわかっとらん！
決《けっ》して、勉強《べんきょう》しなくてもいいという意味《いみ》でわたしたんじゃないぞ！

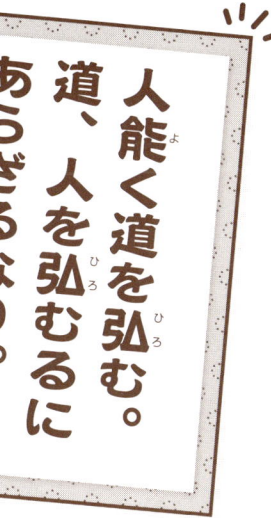

お守《まも》りは自信《じしん》や安心《あんしん》につながるもの

大学生

なくなったおばあちゃんが、小さなころにわたしにくれたペンダントなの。

これが、わたしにとってのお守《まも》りかな。

わたしには天国のおばあちゃんがついてる! きっとだいじょうぶ!

こう考えて、受験《じゅけん》やスポーツ大会でがんばりました。

野球選手《やきゅうせんしゅ》
今シーズンお守《まも》りくださりありがとうございました来年もがんばります

ぼくはスポーツ選手《せんしゅ》。神様《かみさま》に毎年、お正月にがんばることを宣言《せんげん》しに行くんだ。こうすることで、自信《じしん》を持《も》ってがんばれる気がするよ。神様《かみさま》に宣言《せんげん》するんだから、なまけたらはずかしいぜ。

お守《まも》りのはじまりとは?

お守《まも》りとは、昔《むかし》から神様《かみさま》の力が宿《やど》ったものを身近《みぢか》に置《お》くことで、災害《さいがい》や危険《きけん》から身《み》を守《まも》ることができると信《しん》じられてきたことから、はじまったとされているよ。ときに神様《かみさま》とみんなをつなぐきずなとして、またどんなときも神様《かみさま》をより身近《みぢか》に感《かん》じるためのものとして、少しずつ広まっていったのかもしれない。昔《むかし》も今も、平和な暮《く》らしを求《もと》める気持《きも》ちはいっしょだよね。

身近《みぢか》に感じるためのもの?
うーん、そっかぁ

身近《みぢか》に感《かん》じることが大切なんじゃのう

おじいちゃん、ごめんね。これからはお守《まも》りにはずかしくないように勉強《べんきょう》するよ
勉強《べんきょう》?あれは恋《こい》のお守《まも》りじゃぞ
ズコー

Q9 運動《うんどう》が苦手《にがて》。失敗《しっぱい》したら、はずかしいからやりたくない！

はーい 今日はここまで
は〜 やっと終《お》わった
来週は逆上《さか》がりのテストをします
ガーーーン
逆上《さか》がり なんて、できないよ〜 やだよ〜 休みたいよ〜
体育《たいいく》きらい……

コウくんのもやもや

どうして
逆上《さかあ》がりが
体育《たいいく》の
授業《じゅぎょう》に
あるんだー!

ぼくには、
無理《むり》だよ……

運動《うんどう》が苦手《にがて》だとダメなの?

練習《れんしゅう》しても
やっぱり、
できないんだ!
逆上《さかあ》がりの
テストなんて
なくなって
ほしい……

運動《うんどう》が
得意《とくい》な
人はいいよね。
ぼくの気持《きも》ちは
きっと
わからないさ

ぼくが
はずかしい
だけだよ

ふーむ。
わしは
わかるぞ〜

わしは水泳《すいえい》が
苦手《にがて》なんじゃ。
プールがなく
なってほしいと
いつも思って
いたのう

これを知る者《もの》はこれを好《この》む者《もの》に如《し》かず、これを好《この》む者《もの》はこれを楽しむ者《もの》に如《し》かず。

『論語《ろんご》』雍也第《ようやだい》六

◆意味《いみ》
物事《ものごと》を知っているだけの者《もの》は、物事《ものごと》を好《この》んでいる者に及《およ》ばない。物事《ものごと》を好《この》んでいる者《もの》は、物事《ものごと》を心から楽しんでいる者《もの》にはかなわない。

苦手《にがて》なこと、というのはだれしもあるものじゃ。じゃが、できないから苦手《にがて》、というのではさみしくないかのう？
きらいが増《ふ》えるのはイヤじゃのう

体を動《うご》かすことは大切。でも、苦手《にが》《て》なことがあるのは、みんな同じなんだ

わしもいっしょじゃよ
ポン
だれだって、みんなに苦手《にがて》なところを見られるのは、いやじゃやな

でも、はずかしい思いを経験《けいけん》した人は、きっとステキな大人になる！
同じ思いをした人の気持《きも》ちが、わかるようにもなるのう

こんなふうに考えよう

★今は失敗《しっぱい》をたくさんしておこう

★少しでも得意《とくい》な運動《うんどう》を見つけてがんばる

★ほかの得意《とくい》を、伸《の》ばすのもいい！

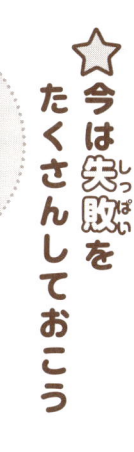

これが逆上《さか》がり最強《さいきょう》のコツだ！

コツ①　前足の位置《いち》は、鉄《てつ》ぼうより前に

まず、鉄《てつ》ぼうの前に立ったら、ふみこむ足を左右どちらか決《き》めて足を出す。ここで、ポイントなのは出した前足は鉄《てつ》ぼうよりも前に出すこと。そうすることで体を持《も》ち上げるときに、勢《いきお》いがうまくつけられるよ。また鉄《てつ》ぼうの高さも重要《じゅうよう》。自分のむねあたりに鉄《てつ》ぼうが来るくらいの高さのものを選《えら》ぶとやりやすいよ。

コツ②　目線はふりあげたつま先に

足をかた方前に出したら、出した前足をじくにしてもうかた方の足を思いっきりふり上げる。このとき、ひじはしっかりと曲《ま》げて、鉄《てつ》ぼうを自分のむねとおなかの方へ、引きつけることが大切だよ。

ひじがのびてしまうと、うまく体が持《も》ち上がらないので回ることができない。また、足をふり上げるときは目線はつま先を見ると、うまく体が回る。

どうしてもできない……。そんなときは？

引きつけるテストをやってみよう！

ひじを曲《ま》げたまま足が上げられない場合は〝引きつける力〟が足りないのかもしれない。

引きつける力のチェックをしてみよう。やり方はかんたん。鉄《てつ》ぼうをつかんだら、ひじを曲《ま》げて鉄《てつ》ぼうにぶら下がるよ。このとき、ひざも曲《ま》げて図のように、おなかのほうへひきつけるんだ。このじょうたいが、5秒《びょう》間できればOK《オーケー》。

コツ③ 体を丸め目線を前方へ

足をふり上げたら、そのまま勢《いきお》いにのって両ひざを鉄《てつ》ぼうに引っかけるよ。そのときに体をキュッと丸めるのがポイント。それに合わせて、つま先を見ていた目線を、今度は前方へ。体を丸め、体を持《も》ち上げきったら、一気に起《お》き上がるようなイメージでむねをはる。体を丸めた後に、うでをしっかりのばすとうまく体が起《お》き上がって、鉄《てつ》ぼうに体がのってくるよ。

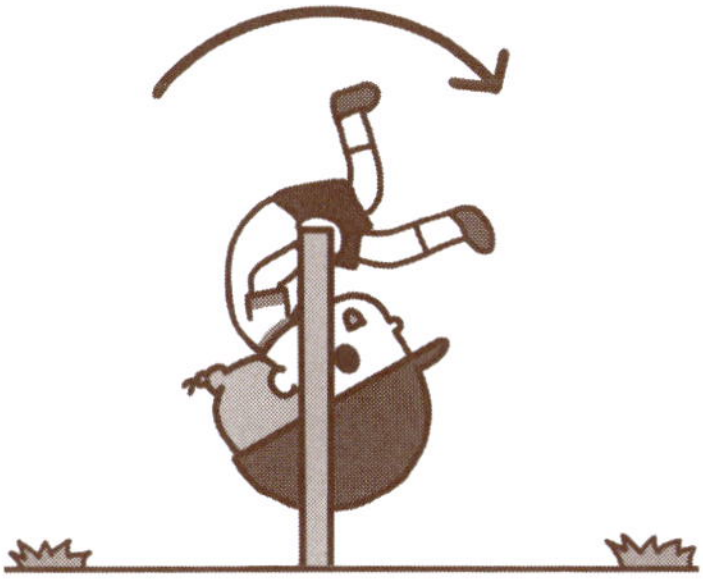

運動《うんどう》が苦手《にがて》だった!?サッカーの中村憲剛選手《なかむらけんごせんしゅ》

プロ選手《せんしゅ》になるまで、ぼくは〝苦《にが》手なことだらけ〟の選手《せんしゅ》でした。足はおそい、長距離《ちょうきょり》も苦手《にがて》、筋《きん》トレは全然《ぜんぜん》できない……。どうやって苦手《にがて》なことに取《と》り組《く》んでいったのか、ぼくの経験《けいけん》をお話しします。まず足がおそかった。50m走、100m走のタイムはクラスの中でも真《ま》ん中《なか》ぐらい。運動会《うんどうかい》ではリレーがあって、クラスで足が速《はや》い子が選《えら》ばれるのですが、ぼくは補欠《ほけつ》になるのが精一杯《せいいっぱい》でした。結論《けつろん》から言えば、完全《かんぜん》に克服《こくふく》できたとは思っていません。今でもプロ選手《せんしゅ》の中では足がおそい方だし、特別《とくべつ》なスタミナがあるわけでもない。筋《きん》トレも得意《とくい》じゃありません。人にはそれぞれの得意分野《とくいぶんや》があります。ぼくの場合はボールをあつかう技術《ぎじゅつ》や、キックの正確《せいかく》さ、視野《しや》の広さなどは、ほかの人よりも得意《とくい》だと思います。でも、大きな相手《あいて》とヘディングで競《せ》り勝《か》つことは難《むずか》しいし、スピードでぶっちぎることもできない。大事《だいじ》なことは、自分の個性《こせい》を見極《きわ》めて、それを伸《の》ばしていく。それこそが、高いレベルに行くためには重要《じゅうよう》になります。嫌《きら》いだからやらないというのではなく、できるところまでやってみる。そうやって自分の〝100%〟をちょっとずつ上げていくことが大切だと思います。

中村憲剛（なかむらけんご）
東京都出身。小学生時代にサッカーを始め、中央大学を経て03年に川崎フロンターレ加入。Jリーグの優秀選手賞に12回。2016年には、最優秀選手賞(MVP)を受賞に輝くなどの活躍でチームの勝利に貢献している。日本代表選手としても68試合を経験。

出典：ジュニアサッカー（少年サッカー）の保護者向け情報サイト「サカイク」掲載（連載『中村憲剛の「KENGO アカデミー」』より）

10 Q スポーツに必勝《ひっしょう》法《ほう》ってあるの？

キン太《た》のもやもや

サッカーに本当に必勝法《ひっしょうほう》はある？

それがあるなら、おれだって知りたい！

キン太《た》が思っていること

すごく一生けん命《めい》練習《れんしゅう》してても、負《ま》けるときは、負《ま》ける。それは、相手《あいて》もたくさん練習《れんしゅう》しているから

調子《ちょうし》が悪《わる》いときでも、必勝法《ひっしょうほう》があれば絶対《ぜったい》勝《か》てる！

必勝法《ひっしょうほう》なんてものは、なかなか……

全員《ぜんいん》がそれを見たら、全員《ぜんいん》優勝《ゆうしょう》じゃ！

彼《かれ》を知りて己《おのれ》を知れば、百戦《せん》してあやうからず。彼《かれ》を知らずして己《おのれ》を知れば、一勝《しょう》一負《ぶ》す。彼《かれ》を知らず己《おのれ》を知らざれば、戦《たたか》う毎《ごと》に必《かなら》ずあやうし。

『孫《そん》子《し》』謀《ぼう》攻《こう》篇《へん》

◆意味《いみ》

敵《てき》の力を知って自分たちの力も知っていれば、百たび戦《たたか》っても危険《きけん》がなく、敵《てき》の力を知らないで自分たちの力を知っていれば、勝《か》ったり負《ま》けたりする。敵《てき》の力を知らず自分たちの力も知らないのでは、戦《たたか》うたびに危険《きけん》だ。

勝《か》つためのコツなら、ある！

☆自分の力を知る

自分の実力《じつりょく》はどれくらいなのか、冷静《れいせい》に知っておくべき。気合やけんそんはぬきにして、自分を見る目を養《やしな》っておこう。

☆相《あい》手の力を知る

自分を冷静《れいせい》に見る目で、同じように相手《あいて》を見よう。素直《すなお》に見ると、相手《あいて》の長所《ちょうしょ》や短所《たんしょ》がわかってくるものだよ。

☆十分に準備《じゅんび》する

自分と相手《あいて》の実力《じつりょく》を冷静《れいせい》に見《み》極《きわ》めたら、次は勝負《しょうぶ》に向《む》けての準備《じゅんび》だ。相手《あいて》の得意《とくい》分野に引っぱりこまれずに、逆《ぎゃく》に自分の得《とく》意《い》分野を発揮《はっき》できる戦《たたか》い方を考えよう。

☆冷静《れいせい》に攻《せ》めるチャンスを見つける

準備《じゅんび》はあくまで準備《じゅんび》。思いがけないことが起《お》こるのが実戦《じっせん》だ。そんなときあわてず、必《かなら》ずチャンスは来ると信《しん》じ、そのチャンスをのがさないようにしよう。

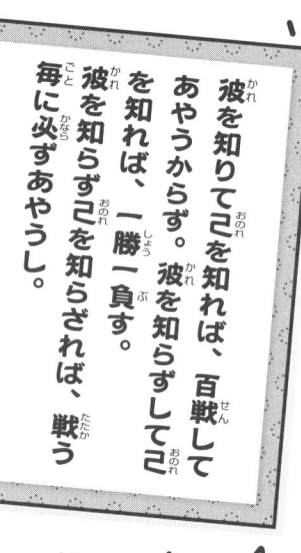

★勝てる相手《あいて》かどうかを考える

対《たい》さくをねった後、もう一度《ど》勝《か》てるかどうか予想《よそう》しよう。あきらめるのはもったいないけれど、あまりに力の差《さ》があるなら、やめて、まずは力をつけるのも一つの選《せん》たくだよ。

試合《しあい》は相手《あいて》からにげ出すことはできないから、これはむずかしい気もするけど…
いや、力の差《さ》がどのくらいあるか知ることがまずは大切なんじゃよ

勝つために、スポーツ選手《せんしゅ》たちは、決《き》まったルーティーンをする？

プロのスポーツ選手《せんしゅ》たちの中には、試合《しあい》前などに行う練習《れんしゅう》や必《かなら》ず用意《ようい》するものなどが決《き》まっている人がいるよ。

最近《さいきん》ではそういった事《こと》を「ルーティーンワーク」と言う。日本語だと、「げんをかつぐ」なんて言いかたもされているんだ。例《たと》えば、野球選手《やきゅうせんしゅ》で有名《ゆうめい》なイチロー選手《せんしゅ》には、バッターボックスに入るまでの間に何種類《しゅるい》ものルーティーンがあるとも言われている。

ほかのスポーツ選手《せんしゅ》でも、試合《しあい》中《ちゅう》に飲《の》む水は2本のペットボトルから交《こう》ごに飲《の》む、コートに入るときに必《かなら》ず右足から入る、ボールをけるときに必《かなら》ず決《き》まったポーズをとるなど、さまざま。きみたちも自分の「ルーティーンワーク」を決《き》めてみては？ 試合《しあい》の前のきんちょうがほぐれて、気合が入るかもしれないよ。

あとは、やれることをやったら、どっしりかまえて休むことも大切なんじゃよ
無《む》理《り》をして、けがをしたら勝《か》ち負《ま》けどころではないぞ！

11 試合《しあい》前《まえ》はきんちょうしちゃう。どうしたらいい？

カリンちゃんのもやもや

きんちょうしやすいの、わたし
どうしたら、いいだろう
……
きんちょうって、みんなする?
わたし、練習《れんしゅう》ではできるのに……。
きんちょうすると、うまく力が出ないの
ぼくは深呼吸《しんこきゅう》するよ～
うーん、だれでもきんちょうはすると思うけど……
それと、体がうまく動《うご》かない気がするの
きんちょう。わしもときどき、きんちょうするのう
おみくじ
おみくじ
ガシャ
ガシャ

それ衆《しゅう》は害《がい》に陥《おちい》りて然《しか》る後に能《よ》く勝敗《しょうはい》を為《な》す。

『孫子《そんし》』九地篇《きゅうちへん》

◆意味《いみ》
兵士《へいし》たちは、そうした危機《きき》に陥《おちい》ってこそ、勝敗《しょうはい》を自由《じゆう》にする力を手にするものだ。

何もきんちょうすることじたいが、ダメなわけでは、ないんじゃ。人と言うのはピンチになったときに力が出ることもある。

ピンチをチャンスに！

きんちょうを、がんばる気《き》持《も》ちへ

おれは試合《しあい》の前、ドキドキする！でも、そのドキドキがちょっとわくわくに変《か》わるんだ

ドキドキがきんちょうなのかな？でも、きんちょうすると、気合が入るよ

きんちょうしないと、がんばれない気もするんだよな

なるほどのう。キン太《た》くんは、どうやら、きんちょうががんばる気《き》持《も》ち、やる気に変《か》わるようじゃのう

もしかして、カリンちゃんの場合……
こういうことかもしれん
失敗《しっぱい》したら、どうしよう！
また、だめかもしれない……
負《ま》けたら、はずかしいよ!!
きんちょうの原因《げんいん》は、失敗《しっぱい》したときを考えすぎていることかも。
自分で自分をきんちょうさせているのかもしれない？
あ……
そうかも……

きんちょうしてもOK《オーケー》!!
むしろ、プラスと考えよう

☆てきどのきんちょうは……

☆心ぞうをはやく動《うご》かす

きんちょうとは、
どういうことかのう

きんちょうする
ということは、
失敗《しっぱい》したくないほど
大切という事《こと》のあかし。

きみが大事《だいじ》に思って
いるからこそ、
きんちょうするんだよ。

★すると、血液《けつえき》の流《なが》れがはやくなり、体が動《うご》くサインになる

GO《ゴー》!

★体が熱《あつ》くなり、パワーが出る

「自分は今やっていることが、こんなに好《す》きなんだ！」と、全身《ぜんしん》で感じよう。

そうか……だから、力がわいてくるんだ
わたしにもできるかな？

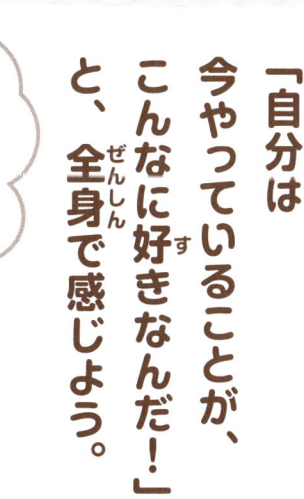

それでもきんちょうしすぎちゃうときは

きんちょうと、じょうずにつき合う方法《ほうほう》

いつでもできる、リラックス方法《ほうほう》

かんたんにできる、きんちょうのほぐし方、おすすめの方法《ほうほう》を紹介《しょうかい》しよう。
まず、1つめは、手のひらをグーパーしてみること。みんなの手のひらには、たくさんの神経《しんけい》が通っていて、きんちょうすると、どうしても手のひらに力が入ってしまうんじゃよ。

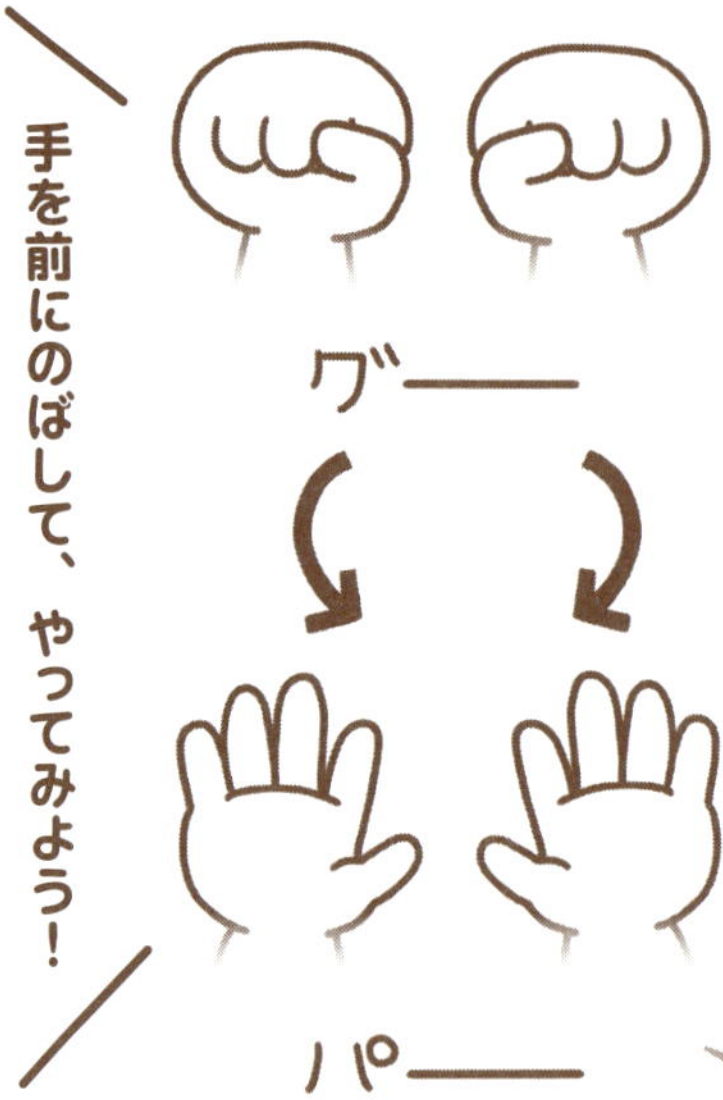
グー
パー
手を前にのばして、やってみよう！

「あ、きんちょうしてるな……」と思ったら、手のひらをグーパーしながら、自分の心に〝だいじょうぶ〟と言い聞かせてみるのじゃ。〝きんちょうしているだけ、だいじょうぶ〟、そんなふうに声に出してもいいぞ。

かんたん！
今度《こんど》やってみよう！

呼吸《こきゅう》方法《ほうほう》

もう一つは、深呼吸《しんこきゅう》をすること。うっそーくんも言っていたが、きんちょうしたときこそ、大きく深《ふか》い呼吸《こきゅう》が大切なんじゃ。きんちょうしているときというのは、呼吸《こきゅう》が浅《あさ》くなりがち。呼吸《こきゅう》が浅《あさ》くなると、よけいに気持《きも》ちがあせってしまうんじゃ。

深呼吸《しんこきゅう》するときは、足がしっかり地面《じめん》についていることを意識《いしき》。くつをはいていても、ぐっと足に力が入っていることを確認《かくにん》するんじゃ。大きく息《いき》をすったら、ゆっくりおなかの中から息《いき》をはきだすようなイメージでやってみるんじゃよ。

やっぱり深呼吸《しんこきゅう》大事《だいじ》だね！
オレもやってみるぜ！

⑫ 負《ま》けると心がくじける。そんなとき、どうしたらいいの？

それでもやっぱり負《ま》けることがあるカリンちゃん
水泳《すいえい》をしているうっそーくんも……
そしてサッカーをしているキン太《た》くん
負《ま》けた……
わたし
オレ
ぼく
ってダメだぁ～

3人のもやもや
この悲《かな》しみ……
がっかりする
気《き》持《も》ち……
どうすりゃ
いいの……
3人の言い分
自分を
とにかく
せめちゃう！
どうしたらいい!?
あーすれば、
こーすれば
……って、
頭の中が
ぐるぐる
するんだ
負《ま》けて
くやしいのに、
さらにつらいよ
みんな
考えすぎな
ところも
ありそうじゃ
のう
おみくじ
おみくじ
ガシャ
ガシャ

われかつて終日《しゅうじつ》食らわず、終夜《しゅうや》いねず、以《もっ》て思う、益《えき》なし。学ぶに如《し》かざるなり。

『論語《ろんご》』衛霊公第《えいれいこうだい》十五

◆意味《いみ》

一日中食事《しょくじ》もせず、一晩中《ばんじゅう》寝《ね》ることもせず考えたことがある。しかし無駄《むだ》であった。学ぶことには及《およ》ばない。

落《お》ちこむことやくじけることはたしかにある。しかし、落《お》ちこんでいるだけじゃ解決《かいけつ》はできぬ。学ぼうとすることが大事《だいじ》なのじゃ！

がっかりしていても、仕方《しかた》ない

反省《はんせい》することは大事《だいじ》

反省《はんせい》を生かせば次《つぎ》につながるから

くよくよしていても意味《いみ》はない

過去《かこ》にはもどれないから

だったら自分をせめるばかりじゃなくてどうすればいいか考えようよ

失敗《しっぱい》やミスはだれにでもある。きちんと反省《はんせい》をしたら前へ進《すす》もう。

さるも木から落《お》ちる

かっぱの川流れ

弘法《こうぼう》にもふでのあやまり

あれ?

●この3つの言葉《ことば》が表しているのはすべて同じ意味《いみ》。つまり、どんな達人《たつじん》でも、得意《とくい》なことを失敗《しっぱい》することがある、という、〝ことわざ〟なんだ。だれだって失敗《しっぱい》することはある。同じことをくり返《かえ》さないことが大切だね。

失敗《しっぱい》は
だれにでも
あるぞ

「原因《げんいん》円グラフ」をかいて、どうすればよかったか考えてみよう

☆カリンちゃんの場合

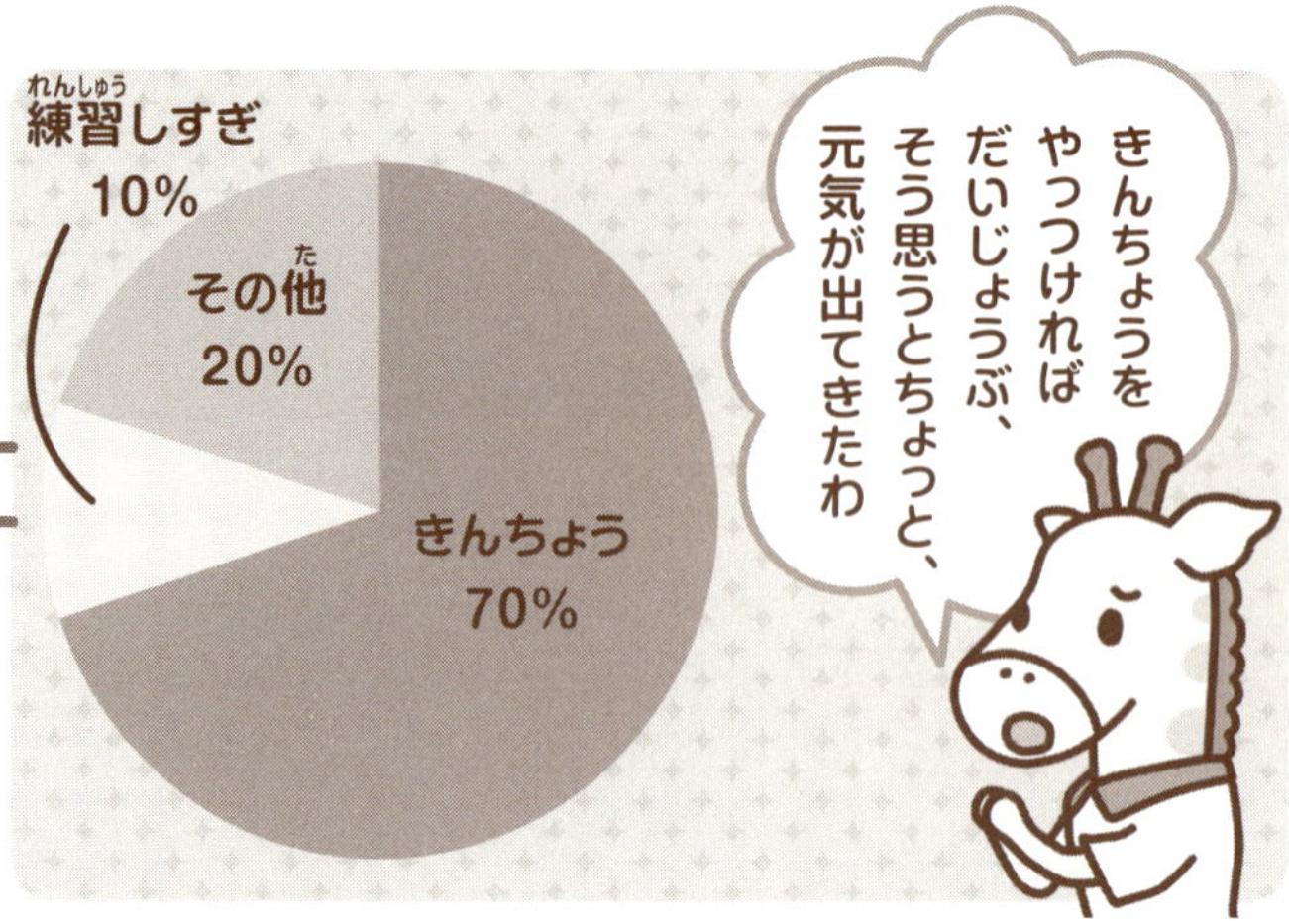
きんちょうをやっつければだいじょうぶ、そう思うとちょっと、元気が出てきたわ
練習《れんしゅう》しすぎ 10%
その他《た》 20%
きんちょう 70%

☆うっそーの場合

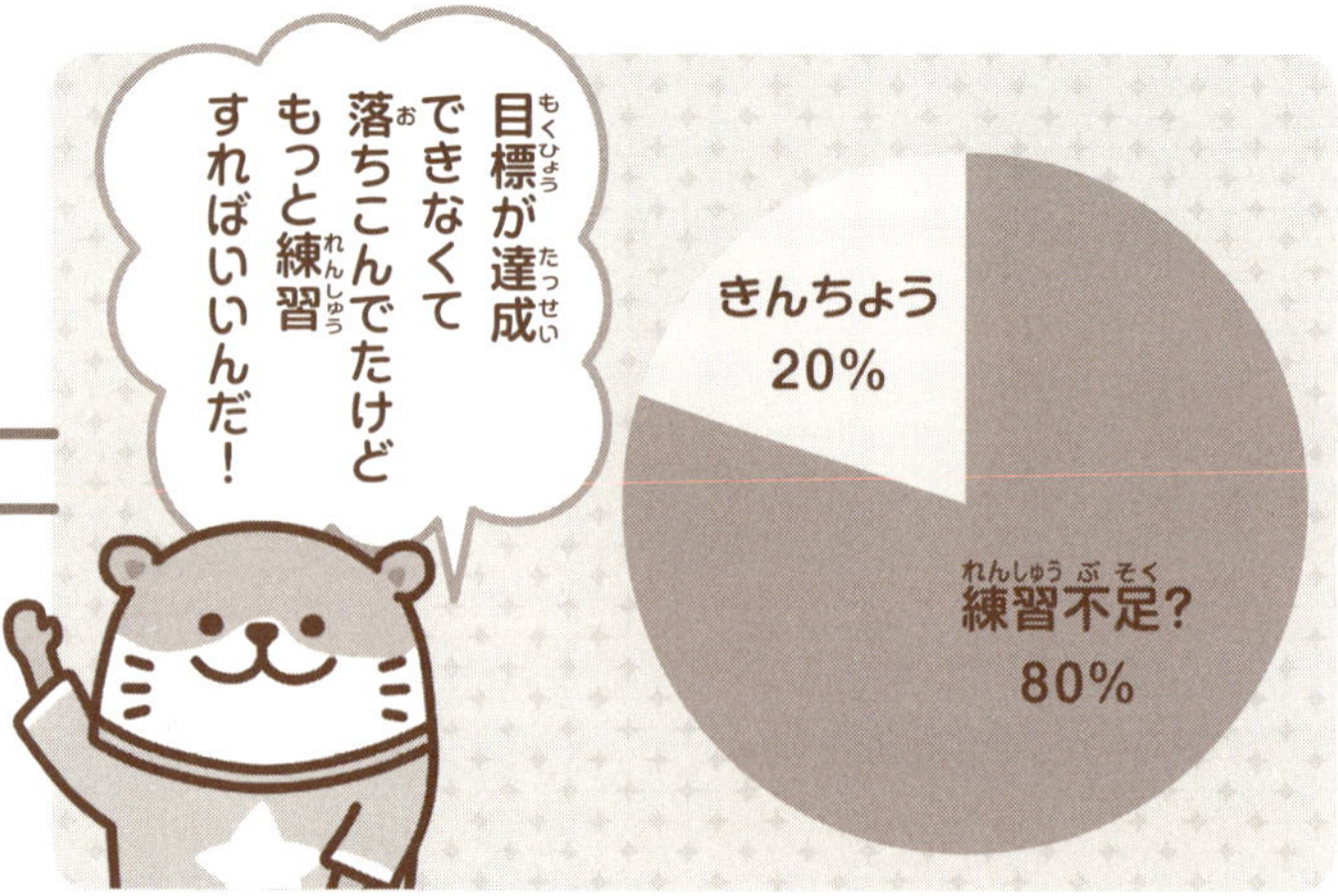
目標《もくひょう》が達成《たっせい》できなくて落《お》ちこんでたけどもっと練習《れんしゅう》すればいいんだ！
きんちょう 20%
練習不足《れんしゅうぶそく》? 80%

☆キン太《た》の場合

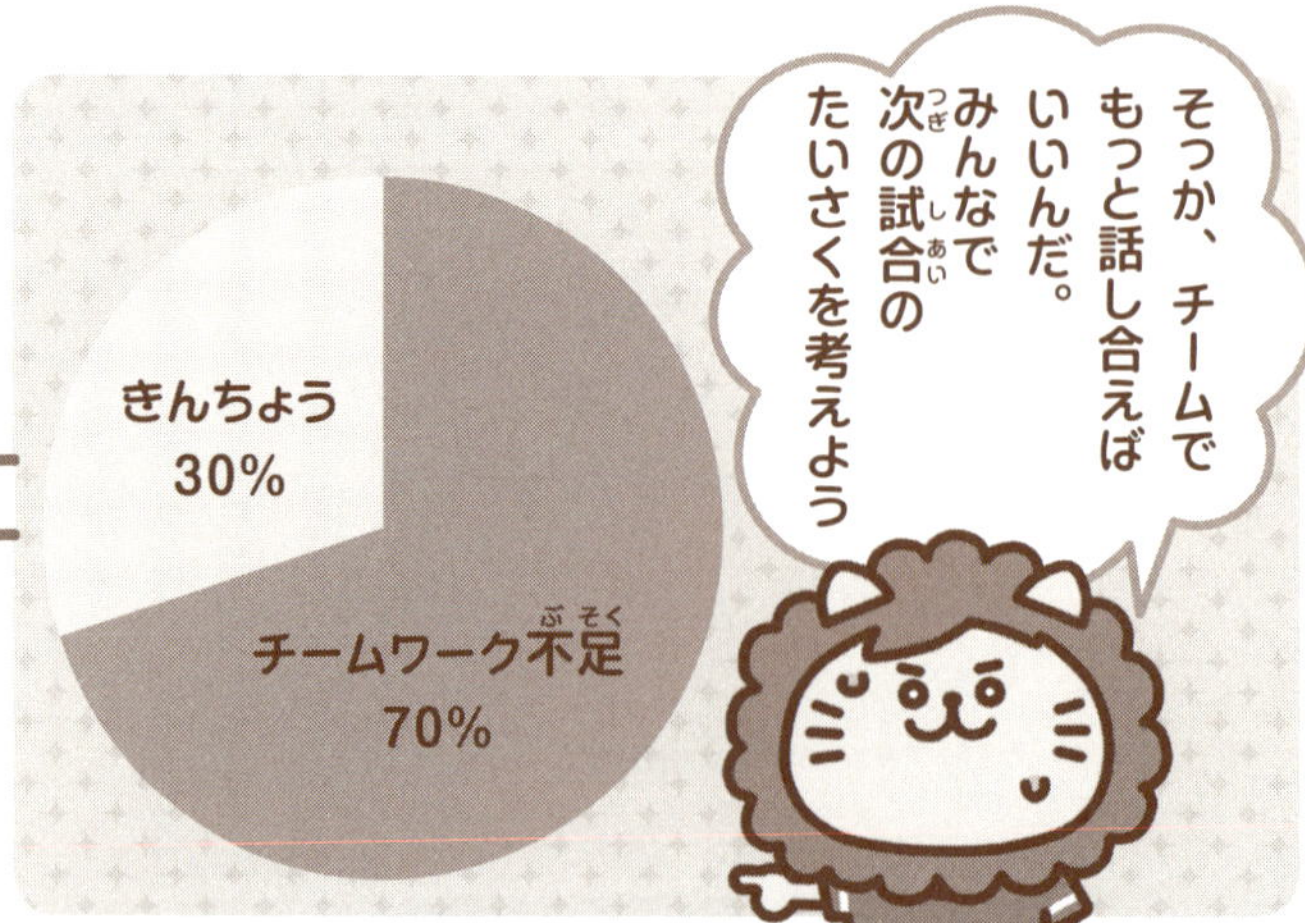
そっか、チームでもっと話し合えばいいんだ。みんなで次《つぎ》の試合《しあい》のたいさくを考えよう
きんちょう 30%
チームワーク不足《ぶそく》 70%

ポン

落《お》ちこんだ原因《げんいん》を調《しら》べて、自分の力で解決《かいけつ》できることなら、自分で解決《かいけつ》。

みんなの力が必要《ひつよう》になることは、みんなで話し合《あ》って解決《かいけつ》。

次《つぎ》のチャンスで改善《かいぜん》できることが一番なんじゃ。そうすれば、落《お》ちこむ気《き》持《も》ちも、前向《む》きになって、とんでいくぞ！

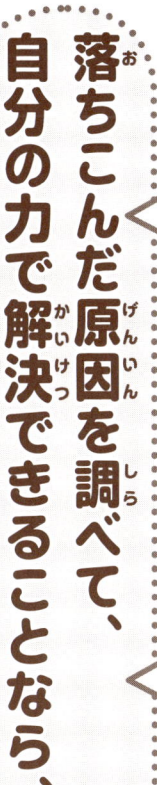

13

英語《えいご》と絵画教室、どっちも習《なら》いたい！

※もえちゃんはお母さんの事《こと》を名前で呼《よ》ぶ。くわしくは、1巻《かん》に書かれているよ。

もえちゃんのもやもや
せっかくやる気になってるのに！
世界的《せかいてき》カエルデザイナーの第《だい》一歩《ぽ》なのに〜！
もえちゃんの言い分
英語《えいご》はこれから必要《ひつよう》だし、デザイナーとしても世界《せかい》で活やくしたいの！
将来《しょうらい》のための習《なら》いごと、いいことじゃない？
ママの言い分
う〜ん、英語《えいご》はまだもう少し先でもいいんじゃない？
絵はもっとうまくなりたいし、デッサンの勉強《べんきょう》とかやりたい！
本当にやりたいのはどっちなの？やるからには、ちゃんと続《つづ》けないといけないのよ
わしも子どものころはピアノとバイオリンを少し
おみくじ
おみくじ
ガシャ
ガシャ
なかなかのうで前なんじゃよ

利《り》に合えばすなわち動《うご》き、利《り》に合わざればすなわち止まる。

『孫子《そんし》』火攻篇《かこうへん》

◆意味《いみ》
自軍《じぐん》にとって有利《ゆうり》であれば動《うご》き、不利《ふり》であればそこに留《とど》まる。

自分がどうして習《なら》い事《ごと》をしたいのか、きちんと考えてみる必要《ひつよう》があるぞ。どちらがより必要《ひつよう》なのか本当にしたい事《こと》なのか、考えてみるのじゃ。
必要《ひつよう》なのはどっちじゃ？

なぜ、その習《なら》い事《ごと》をしたいのか、よく考えよう

わたしが英語《えいご》と絵画を習《なら》いたい理由《りゆう》、考えてみると……

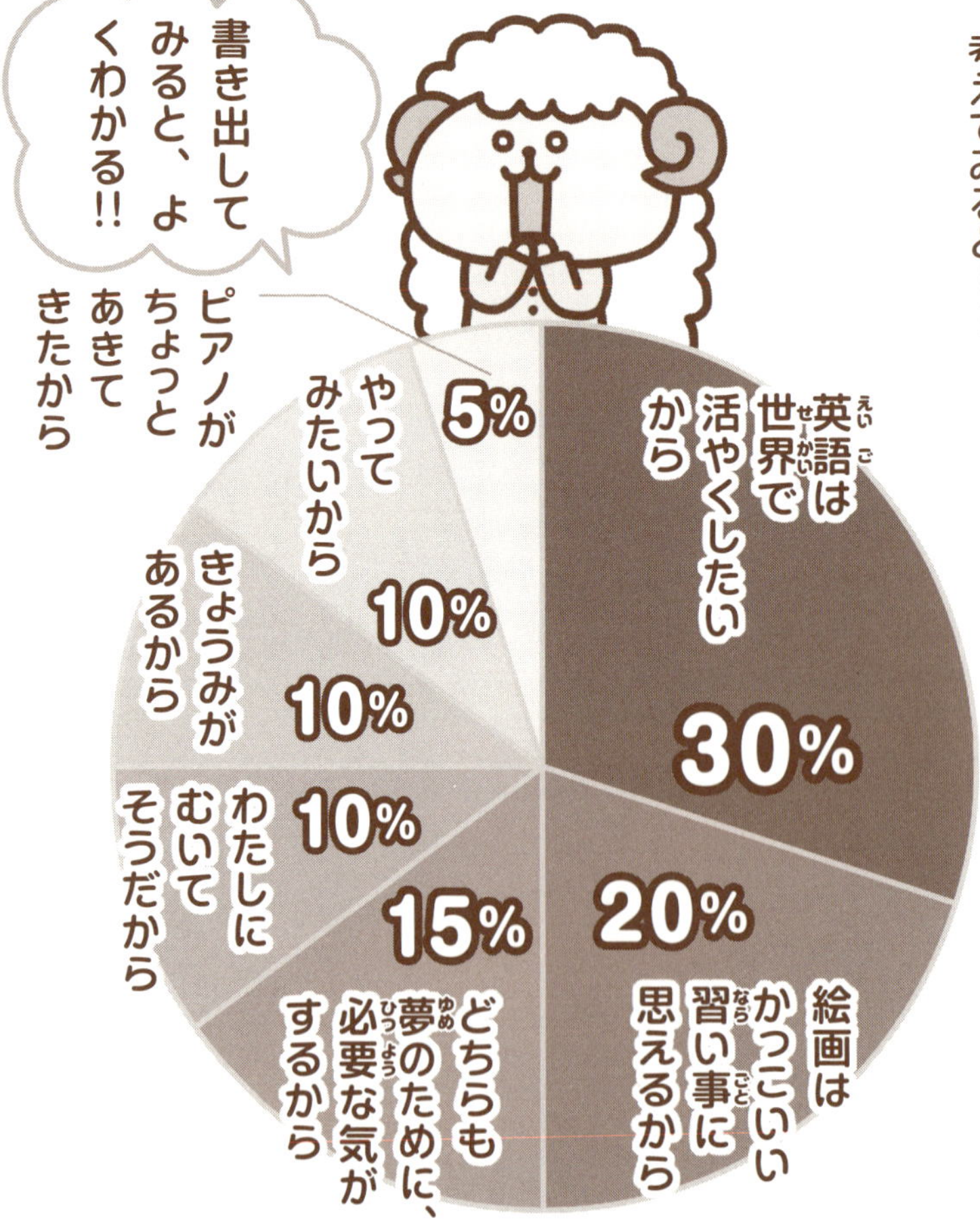

書き出してみると、よくわかる!!
英語《えいご》は世界《せかい》で活やくしたいから
30%
絵画はかっこいい習《なら》い事《ごと》に思えるから
20%
どちらも夢《ゆめ》のために、必要《ひつよう》な気がするから
15%
わたしにむいてそうだから
10%
きょうみがあるから
10%
やってみたいから
10%
ピアノがちょっとあきてきたから
5%

みんなはどんな習《なら》い事《ごと》をしているの？

3年生

男子	1位	水泳《すいえい》
	2位	サッカー
	3位	塾《じゅく》
	4位	英語《えいご》
	5位	ピアノ
女子	1位	水泳《すいえい》
	2位	ピアノ
	3位	英語《えいご》
	4位	書道
	5位	塾《じゅく》

4年生

男子	1位	水泳《すいえい》
	2位	サッカー
	3位	英語《えいご》
	4位	塾《じゅく》
	5位	柔道《じゅうどう》・空手・剣道《けんどう》など
女子	1位	水泳《すいえい》
	2位	ピアノ
	3位	書道
	4位	英語《えいご》
	5位	塾《じゅく》

5年生

男子	1位	水泳《すいえい》
	2位	塾《じゅく》
	3位	サッカー
	3位	英語《えいご》
	5位	柔道《じゅうどう》・空手・剣道《けんどう》など
女子	1位	ピアノ
	2位	塾《じゅく》
	3位	書道
	3位	英語《えいご》
	3位	ダンス・バレエなどのおどり

6年生

男子	1位	水泳《すいえい》
	2位	塾《じゅく》
	3位	サッカー
	4位	英語《えいご》
	5位	野球《きゅう》
女子	1位	ピアノ
	2位	塾《じゅく》
	3位	英語《えいご》
	4位	書道
	4位	水泳《すいえい》

出典：学研教育総合研究所「小学生白書 Web 版 2016 年 9 月調査」より

どうして、その習《なら》い事《ごと》をしているの？

お姉ちゃんも習《なら》ってるからだよ！
小4
習《なら》い事《ごと》／水泳《すいえい》
わたしはオリンピックに出るのが夢《ゆめ》だからだよ
小4
習《なら》い事《ごと》／柔道《じゅうどう》
塾《じゅく》は勉強《べんきょう》のためだけど、サッカーはうまくなりたくて習《なら》ってるんだ！
小3
習《なら》い事《ごと》／サッカー、塾《じゅく》
将来《しょうらい》、留学《りゅうがく》してみたいの！
小3
習《なら》い事《ごと》／英語《えいご》
いろいろな理由《りゆう》があることがわかったじゃろう？

習《なら》い事《ごと》をしたいなら、おうちの人と約《やく》束《そく》しよう

☆きちんと通う

通う時間はわすれないようにして、心配《しんぱい》かけないように通います。

☆とちゅうでやめない

やると決《き》めたら、とちゅうで投《な》げ出さず、続《つづ》けるようにします。

☆目標《もくひょう》を持《も》つ

目標《もくひょう》を立てて成果《せいか》が報告《ほうこく》できるようにがんばります。

3つをちゃんと約《やく》束《そく》して守《まも》ろうね

わたしは、将来《しょうらい》やっぱり
デザイナーになりたいし
もし、海外でデザインを
学ぶときは英語《えいご》が必要《ひつよう》だよね。
だから、さおりちゃん、
英語《えいご》を習《なら》いたい！
ピアノもがんばる！

絵画教室は、
とりあえず
今はやめておく！
家でとっくんするわ！

もえが
ちゃんと考えたなら、
英語《えいご》も
がんばんなさい！

14 何をやっても三日ぼうず。どうしたら変《か》えられる？

ハナ！ お花に水
やってないでしょ！
あぁ！ わすれてた！
お花の元気がなくなってる……
いつも三日ぼうずなんだから……
たしかに日記も三日で書かなくなっちゃったし……
日記
何をやっても続《つづ》かない……
わたしって本当に三日ぼうずなんだ！

ハナちゃんのもやもや
わたしって……あきっぽいの？
このままで、いいのかな？やっていける？
三日ぼうずって変《か》えられる？
そういえば、考えてみると、今まで長続《ながつづ》きしたことないかも!?
三日ぼうず、直したい……やだよー!!どうしたらいいの!?
おこづかい帳《ちょう》も最近《さいきん》わすれてた……
わしは三回も続《つづ》かないんじゃ……どうしたらいいかのう
わしも知りたいぞ！
おみくじ
おみくじ
ガシャ
ガシャ

君子《くんし》は上達《じょうたつ》し、小人《しょうじん》は下達《かたつ》す。

『論語《ろんご》』憲問第《けんもんだい》十四

◆意味《いみ》
君子《くんし》は高い志《こころざし》で考えるが、小人《しょうじん》は目先の欲《よく》にふり回される。

まずはそれをやりたいと思った理由《りゆう》、そしてどうして三日しか続《つづ》けられないのか考えてみるといいぞ。理由《りゆう》はなんじゃ？

原因《げんいん》をさぐるのじゃ

続《つづ》かない理由《りゆう》をまず考えてみよう

三日ぼうずにインタビュー！

みんなに聞いてみるぞ！

やるって言ってたけど、正直本当はあまりやりたくないんだよね……。そう思っていると、続《つづ》けられないのかも

正直やりたくない

3日経《た》つとわすれちゃう！

ぼくもそうだよ～

わすれちゃう

習《なら》い事《ごと》もあるし、ついつい時間がなくなっちゃうの！

時間がない

う～ん……続《つづ》けるきょうみがなくなっちゃうんだ、実《じつ》は……

きょうみがなくなる

わたしといっしょだ！

☆三日ぼうずとは？

「三日ぼうず」とは、あきっぽくて長続《ながつづ》きしないことを表《あらわ》す言葉《ことば》。おぼうさんになりたいと、頭を丸めてお寺に入ったはいいけれど、修行《しゅぎょう》はなかなかに厳《きび》しい。早起《はやお》きしてのおつとめに、三日でたえきれなくなってやめていく人もいた。そういう人を三日ぼうずと言ったといわれているんだ。

おぼうさんの修行《しゅぎょう》なんて、わたし、絶対《ぜったい》たえられない……
それとくらべたら、お花の水やりなんて
かんたんなの……ごめんなさい……
これからは、きっと続《つづ》けられるわね

☆「続《つづ》ける」ってだれでもむずかしい!!

「継続《けいぞく》は力なり」と言う言葉《ことば》があるように、続《つづ》けるということは、どんなことでもそれだけで、とてもすごいこと。練習《れんしゅう》でもずっと続《つづ》けることで、できなかったこと、苦手《にがて》なことができるようになることもあるよね。ただ、続《つづ》けるには、実《じつ》は努力《どりょく》がとても必要《ひつよう》なんだ。

続《つづ》けることには根気《こんき》や苦労《くろう》にたえる力が必要《ひつよう》なのじゃ

じゃあ、どうすればいいの？

続《つづ》かない理由別《りゆうべつ》 みきちゃん流《りゅう》たいさく方法《ほうほう》

わすれちゃうアナタに……

習慣《しゅうかん》になるまで、メモを洗面台《せんめんだい》にはる！

いつも見る場所に続《つづ》けたいことをはっておくと、わすれることはないわ。

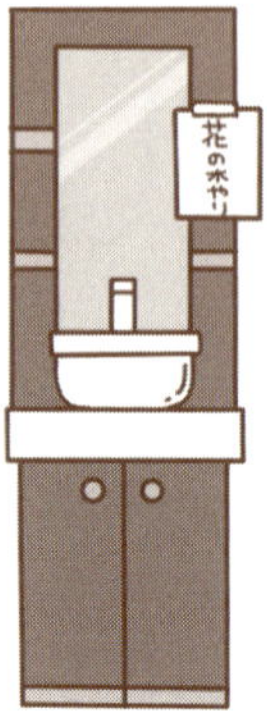

やりたくないアナタに……

まずは小さな目標《もくひょう》を立てる！

漢字《かんじ》ドリルを一まいやる、できたらチョコを一つ食べていいことにするなど、自分で小さな目標《もくひょう》とごほうびを考えるといいの。

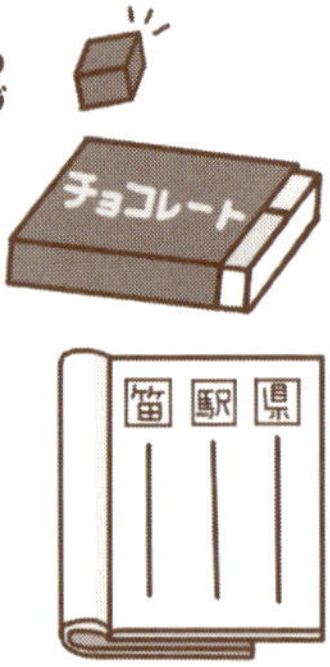

時間がないアナタに……

優先順位《ゆうせんじゅんい》を考えて、スケジュールを立てる！

一日のスケジュールを考えてみて。できる時間はきっとあるはず。また、やろうと思っている事《こと》のライバル行動《どう》になりそうな、ゲームなどは目につかない場所に置《お》くのよ！

きょうみがなくなるアナタに……

楽しむ方法《ほうほう》を自分でさがす！

花の水やりなどは毎日観察《かんさつ》していくと、お花がさいたときにとってもうれしいわ。毎日同じようなことでも自分で、楽しむ方法《ほうほう》を工夫《くふう》するといいわ。

わたしが教えるわ

☆何より、続《つづ》けた先のすてきな結果《けっか》も想像《そうぞう》して、がんばること！

数日後
ママ！花がさいたよ
やったわね
がんばったあの日々
花の水やり
次《つぎ》はモモの木植《う》えちゃおうかな
がんばってね
食べられるのは何年後…
よかったのう

15

習《なら》い事《ごと》をやめたい。ほかにうまい人がいっぱいいるんだもん。

うっそーのもやもや
水泳《すいえい》を
やりたくて
はじめたけど、
思ったよりも
なかなか上達《じょうたつ》
しないんだ……
やる気が
なくなって
くるよ
うっそーの本当の気《き》持《も》ち
スイミング、
好《す》きだけど……
向《む》いてないのかも
しれない
もっと
タイムが
いい人が
いるんだもん
みんなと
遊《あそ》んでたほうが
いいのかもしれない
うーむ。
たしかに
むずかしい
問題《もんだい》じゃ。
どうすれば
いいのかのう
おみくじ
おみくじ
ガシャ
ガシャ

意《い》欲《よく》を持《も》ち続《つづ》けることが大切

力足らざる者《もの》は中道にして廃《はい》す。今汝《なんじ》はかぎれり。

『論《ろん》語《ご》』雍《よう》也《や》第《だい》六

◆意味《いみ》
「力不足《ぶそく》だから、途中《とちゅう》でやめる」というが、力が足りないのではない。自分自身を見限《みかぎ》ってしまってることがいけないのだ。

自分で限界《げんかい》を決《き》めてしまってないかのう? 好《す》きなら、人のことなど気にせずやればよい。意欲《いよく》が大切なんじゃぞ。
やる気!!

はやく泳《およ》げるようになりたい?
そりゃなりたいですよ〜

ならだいじょうぶ
えっ
その気持《きも》ちがあるかぎり上達《じょうたつ》する!

タイムがはやい人を
うらやましく思ったり、
自分のタイムに
がっかりしたり
するのは、
もっと
スイミング上達《じょうたつ》したい、
という気《き》持《も》ちの
うら返《がえ》しなんだ！
その気《き》持《も》ちがあるなら、
続《つづ》ければいいんだね！

でもね……
少し休んで
はなれてみることも
ときには、あっていい。

よし、今週は
ちょっと休んで
みようかな……

少しの間
はなれていると、
気づくこともある

休んでみると、わかること

泳《およ》ぎたくてうずうずする

泳《およ》いでいるときの自分をついつい想像《そうぞう》してしまう。みんなどうしてるかな、なんて思ってしまう。

何か物《も》足《た》りない

みょうにひまな気分になってしまい、何をしたらいいかわからなくなってしまう。

やっぱり水《すい》泳《えい》が好《す》きなんだね。スランプはあるだろうけど、がんばってみよう!

気《き》持《も》ちが楽になってホッとする

気分がすっきりして、まわりが明るくなった感《かん》じがする。のんびりできて、よくねむれる。

本当はつらかったのかもしれないね。

ほかのことの楽しさに気づく

本を読んだり科学館《かがくかん》などへ行ってみて、ほかにきょうみのあったことに気づくこともある。

こんなこともたしかにあるんだよね

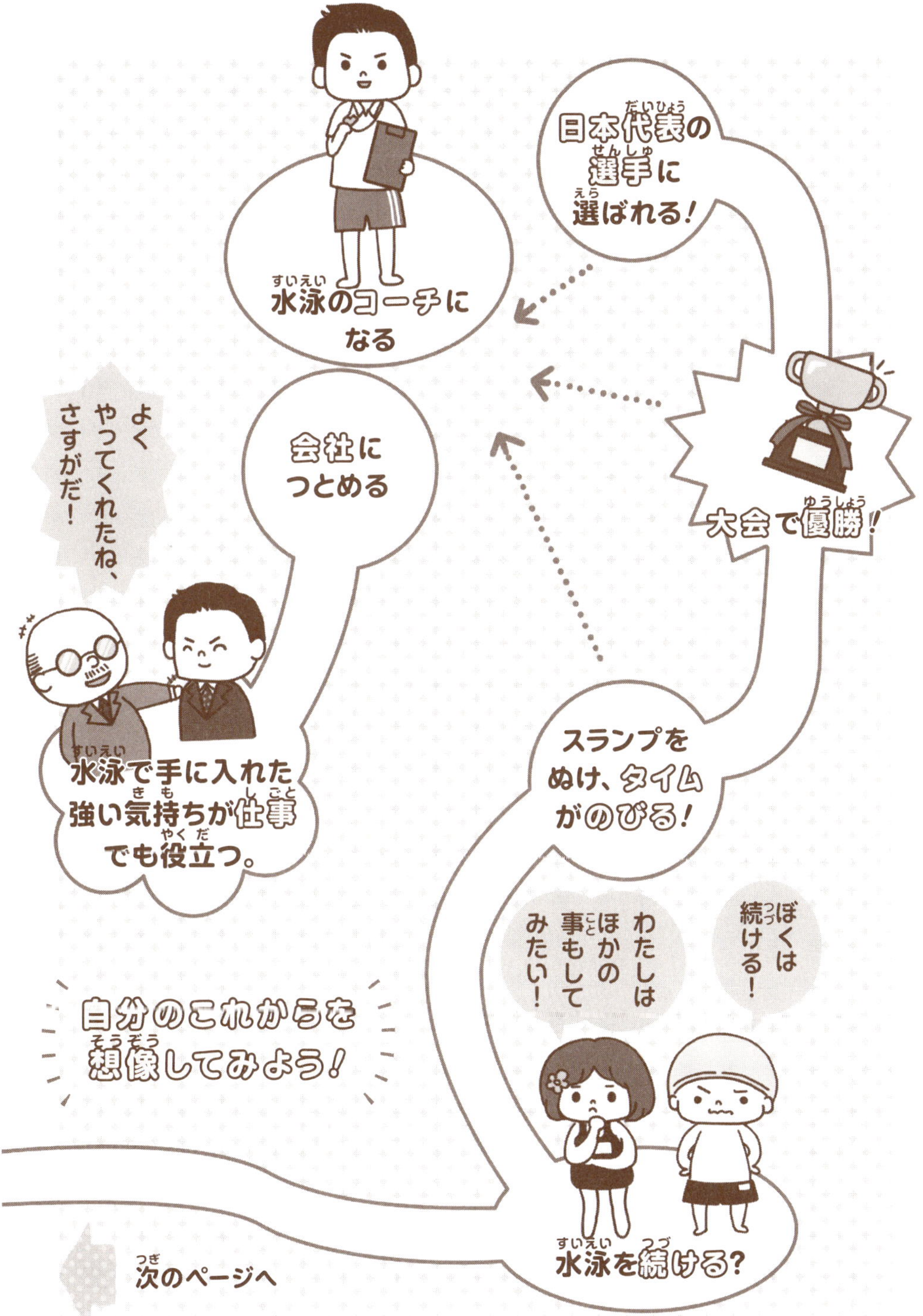
水泳《すいえい》を続《つづ》ける？
わたしは
ほかの
事《こと》もして
みたい！
ぼくは
続《つ》ける！
スランプを
ぬけ、タイム
がのびる！
大会で優勝《ゆうしょう》！
日本代表《だいひょう》の
選手《せんしゅ》に
選《えら》ばれる！
水泳《すいえい》のコーチに
なる
会社に
つとめる
よく
やってくれたね、
さすがだ！
水泳《すいえい》で手に入れた
強い気《き》持《も》ちが仕事《しごと》
でも役立《やくだ》つ。
自分のこれからを
想像《そうぞう》してみよう！

次《つぎ》のページへ

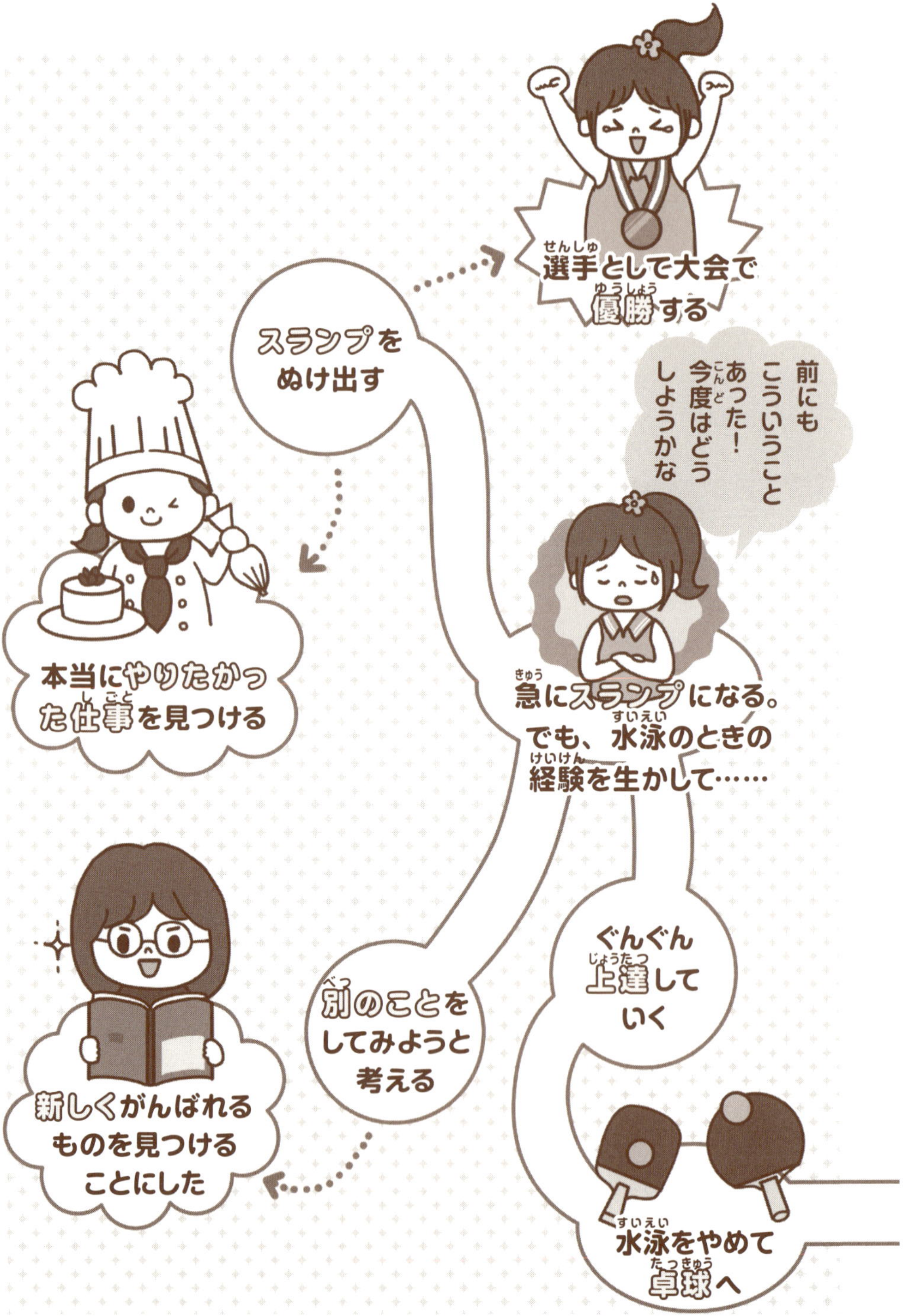

急《きゅう》にスランプになる。でも、水泳《すいえい》のときの経験《けいけん》を生かして……
前にもこういうことあった！今度《こんど》はどうしようかな
スランプをぬけ出す
選手《せんしゅ》として大会で優勝《ゆうしょう》する
本当にやりたかった仕事《しごと》を見つける
ぐんぐん上達《じょうたつ》していく
別《べつ》のことをしてみようと考える
新しくがんばれるものを見つけることにした
水泳《すいえい》をやめて卓球《たっきゅう》へ

☆さあ、うっそーくんは習《なら》い事《ごと》を続《つづ》ける？　やめる？　どうするのかな。

どうしても続《つづ》けられなければ、やめることを決《き》めていい

何かをがんばってなしとげたとき、そこには大きなよろこびがある

いっしょうけんめいにやった経験《けいけん》は絶対《ぜったい》に役《やく》に立《た》つ

スイミング、もうちょっと続《つづ》けてみよう！

16 将来《しょうらい》のこと、今、決《き》めなければいけないの?

将来《しょうらい》の夢《ゆめ》について作文を書いてみましょう
作文「夢《ユメ》」
将来《しょうらい》のことなんて、何も考えてないな〜
キン太《た》はやっぱサッカー選手《せんしゅ》?
もちろん!
ぼくはまず先生になっていずれは政治家《せいじか》に立候補《りっこうほ》するつもりさ
いっちーらしいわね
みんなすごく考えてる
将来《しょうらい》のことなんてわからないよ!
夢《ゆめ》ってないといけないの?

くまおのもやもや
将来《しょうらい》、そんなこと考えられるわけないよ
将来《しょうらい》って、今考えないといけないの？
将来《しょうらい》のことって？
未来《みらい》って、どうなるかわからない ぼくはいつも そう思っていたんだ
だから、急《きゅう》に どうしたいって 言われても わからない……
作文に書けるような 将来《しょうらい》の夢《ゆめ》なんて ぼくには今はまだないよ どうしたらいいの？
そんなに かたく考え なくても いいんじゃよ
おみくじ
おみくじ
ガシャ
ガシャ
まだ、時間は ある!! わかいって うらやましいぞ

人にして遠き慮《おもんばか》り無《な》ければ、必《かなら》ず近き憂《うれ》い有《あ》り。

『論語《ろんご》』衛霊公第《えいれいこうだい》十五

◆意味《いみ》
先々の事を考えて行動しないと、身近《みぢか》なことでも困《こま》ってしまう。

いますぐ将来《しょうらい》を決《き》める必要《ひつよう》はないんじゃ。でも、先の事《こと》を考えるのはとても大切。この機会《きかい》に考えてみてはどうじゃ。

どんな未来《みらい》が待《ま》っているかのう

今大切なのは、決《き》めることでなく、考えること

作文を書くことで、自分が思っている将来《しょうらい》のことを考える。つまり、作文どおりに将来《しょうらい》を決《き》めなければならない、ということではないんじゃ。作文を書きながら、自分の将来《しょうらい》を見つめてほしいのじゃよ

自分の将来《しょうらい》について、考える……

今の自分を見つめてみよう

☆何が好《す》きなのかな？

⇩食べること！
すごく好《す》き！

☆しゅみは何かな？

⇩ぼうけんって
言うのかな？
知らない公園とか、
知らないところへ
出かけるのが楽しい

☆何が得意《とくい》かな？

⇩理科かな？
テストもこないだ
100点だった！
観察《かんさつ》とかも好《す》きだし
それに料理《りょうり》。
家庭科《かていか》も得意《とくい》だ！

☆何が苦手《にがて》かな？

⇩音楽と図工。
リズムにのるのって
むずかしいよ

そして、なりたい自分を考えてみよう

今より勉強《べんきょう》は
できるようになりたい！
とくに理科が大好《だいす》き
だから、もっともっと
得意《とくい》になりたい！

それに、お金も
かせげるようになりたい。
そうすれば、知らない
遠い国にもたんけんに行ける！
ジャングルにも南極《なんきょく》にも……
それに、もしかしたら宇宙《うちゅう》にも！

ほほう。
それは
いいのう。
さっそくそれを
作文に書く
のじゃ！

たんけん家、ぼうけん家っていう仕事《しごと》はあるのかな？どうやってなればいいんだろう？それに、理科の勉強《べんきょう》をもっとするには、どこで勉強《べんきょう》するんだろう？
すっかり、くまおくんはやる気じゃな

おお、よく書けているぞ！理科の勉強《べんきょう》をすることは、ぼうけん家やたんけん家、それに宇宙《ちゅう》への道にも通じているかもしれん
将来《しょうらい》、と言われるとなやんでしまうかもしれんが、好《す》きなことややりたいことなどを1つずつ考えていけば、将来《しょうらい》も自然《しぜん》とうかんでくるかもしれんのう

17 受《じゅ》験《けん》って、大《たい》変《へん》そう。受《う》けない方《ほう》法《ほう》はある？

将来《しょうらい》はペンションをひらいて
世《せ》界《かい》中の人に来てもらってみんなと仲《なか》よくなるんだ～
それがわたしのユメ……
そのために勉強《べんきょう》しないとね
ママ！
勉強《べんきょう》って？
学校の勉強《べんきょう》のこと？
そうね。たとえば外国語の勉強《べんきょう》をする学校を受験《じゅけん》したり、外国の文化、日本の文化も勉強《べんきょう》しなきゃ
思ってたより、いろいろ勉強《べんきょう》しなきゃいけないんだ……わたし、だいじょうぶかな？

ユメちゃんのもやもや

夢《ゆめ》をかなえるには、勉強《べんきょう》が必要《ひつよう》?
勉強好《べんきょうす》きじゃなきゃ、ダメなのかな?
受験《じゅけん》ってみんながするの?
受験《じゅけん》は大変《たいへん》そう! 絶対《ぜったい》に受けなきゃダメ?
落《お》ちるの、こわいよ……
中学受験《ちゅうがくじゅけん》、高校受験《こうこうじゅけん》……人によっていろいろな受験《じゅけん》があるわ
勉強《べんきょう》はちゃんとやるよ!
どんなことでも、ハードルをこえると、自分の世界《せかい》が広がると思うの
じゃあ、今回も引き続《つづ》き
おみくじを引いてみるかのう!
おみくじ
おみくじ
ガシャ
ガシャ

先に戦地《せんち》におりて敵《てき》を待《ま》つ者《もの》は佚《いつ》し、後《おく》れて戦地《せんち》におりて戦《たたか》いにおもむく者《もの》は労す。

『孫子《そんし》』虚実篇《きょじつへん》

◆意味《いみ》
先に戦場《せんじょう》に着いていて敵《てき》を待《ま》ち受《う》ける軍《ぐん》はゆったりとしているが、後から戦場《せんじょう》に入ってきて戦《たたか》おうとする軍《ぐん》は苦労《くろう》する。

先に知ること、用意《ようい》することというのは大切。あせらずに、自分のペースに持《も》っていくことが重要《じゅうよう》なんじゃ。まずは、自分が夢《ゆめ》のためにすべきこと、それを考えてみることじゃな。
備《そな》えるということが大切じゃ

勉強《べんきょう》をすること・受験《じゅけん》をするということは、夢《ゆめ》をかなえるための準備《じゅんび》

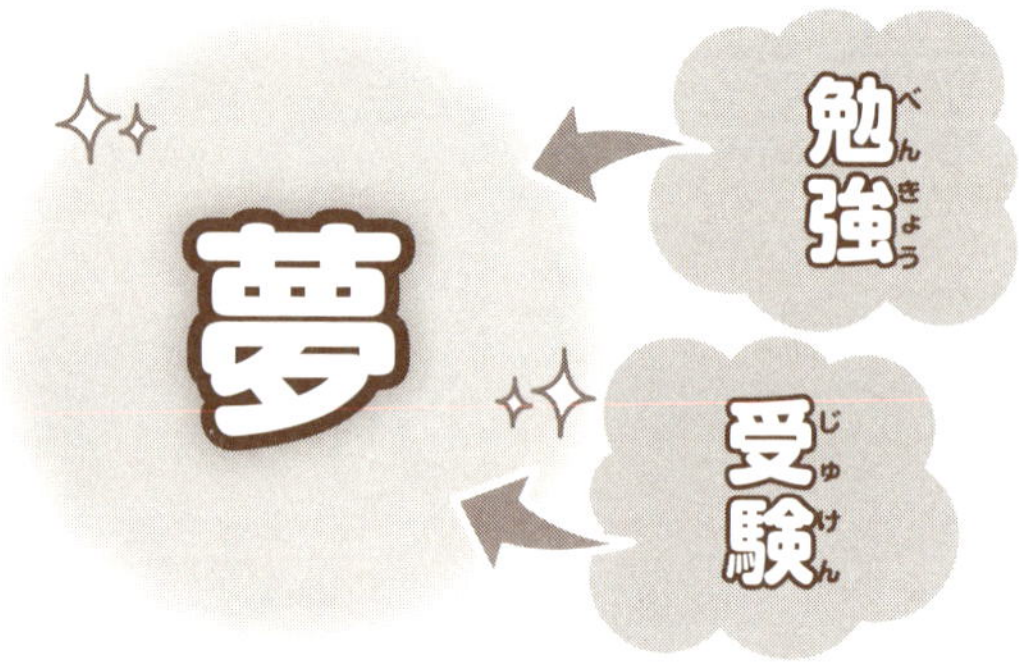
勉強《べんきょう》
受験《じゅけん》
夢

夢《ゆめ》に、たくさんの自信《じしん》やチャンス、広い視野《しや》をあたえてくれるもの

準備《じゅんび》って?
この準備《じゅんび》によって、その先の世界《せかい》が広がっていくんじゃ

受験《じゅけん》が持《も》つ役割《やくわり》って？

実力《じつりょく》をためす

自分の勉強《べんきょう》や知識《ちしき》の実力《じつりょく》をはっきりするための、試験《しけん》やテスト。いろいろな節目《ふしめ》やタイミングで、やってくる受験《じゅけん》は、それまでに自分がやってきたことの積《つ》み重《かさ》ねをためすための場所《ばしょ》なのかもしれない。

資格《しかく》をとる

資格《しかく》をとるための勉強《べんきょう》を、ちゃんとやってきましたよ、という証明《しょうめい》をもらうために「資格試験《しかくしけん》」があるよ。目的《もくてき》を達成《たっせい》するための大事《だいじ》な試験《しけん》となることが多い。

自分の世界《せかい》を広げる

受験《じゅけん》して合格《ごうかく》するということは、新しいとびらを開《あ》けたということ。おおいに自信《じしん》をもっていいんだ。自分が一回り大きくなったしるしとなり、世界《せかい》がぐんと広がるよね。

夢《ゆめ》をかなえるための助《たす》けになる。

受験《じゅけん》ってどんなもの？

種類《しゅるい》

学校に入学するためのものから、資格《しかく》を手に入れるためのものまで、さまざまあるよ。

受験《じゅけん》には、さまざまなものがある。よく知られているのは、学校に入るために受《う》けるテスト。つまり入学試験《しけん》のことだね。

仕事《しごと》によって特別《とくべつ》な受験《じゅけん》を受《う》けなければならないものもある

受験《じゅけん》の中には、特定《とくてい》の職業《しょくぎょう》につくためのものもあるよ。ここでは、その中の二つの職業《しょくぎょう》について紹《しょう》介《かい》。一つは、馬に乗《の》って競争《きょうそう》をするジョッキー、騎手《きしゅ》のこと。筆記《ひっき》試験《しけん》や技術《ぎじゅつ》試験《しけん》などのほかに、体《たい》重《じゅう》などの規定《きてい》もあるんだ。そして、もう1つは、宝塚歌劇団員《たからづかかげきだんいん》になるために入学しなければならない宝《たから》塚《づか》音楽《おんがく》学校。この学校の卒業生《そつぎょうせい》でなければ、宝塚歌劇団《たからづかかげきだん》に入ることはできないんだ。

じゃあ、やっぱり受《う》けなきゃいけないもの？

受験《じゅけん》って、絶対《ぜったい》なの？

☆どうするかは、選《えら》ぶもの

受験《じゅけん》については、種類《しゅるい》のところで説明《せつめい》したとおり、何歳《さい》で経験《けいけん》するかというのは人によって、少しずつちがうかもしれない。ただ、多くの人が受験《じゅけん》を考えるタイミングがあるとすると、それは高校進《しん》学のとき。日本では、小学校から中学校までが〝義務教育《ぎむきょういく》〟と言われ、法《ほう》によって決《き》まっているけれど、その先はそれぞれが選《えら》ぶことになる。

最近《さいきん》では、高校進学率《こうこうしんがくりつ》が97％となり（平成22年度以降、文部科学省発表）多くの人が高校進《しん》学を選《えら》んでいることがわかる。また、なりたい職業《しょくぎょう》によって特別《とくべつ》な試験《しけん》が必要《ひつよう》になってくるよ。また、車を運転《うんてん》するにも受験《じゅけん》が必要《ひつよう》なんだ。

☆資格《しかく》が必要《ひつよう》な仕事《しごと》について

●例《れい》・小学校の先生になるには？

高校を卒業《そつぎょう》したら……

↓

大学 ／ 短期《たんき》大学

↓

先生になるための科目（授業《じゅぎょう》）を受《う》ける

↓

小学校教諭《きょうゆ》一種免許状《いっしゅめんきょじょう》 ／ 小学校教諭《きょうゆ》二種免許状《にしゅめんきょじょう》

↓

教員採用試験《さいようしけん》

↓

先生へ!!

※これは一例です。

先生には免許《めんきょ》が必要《ひつよう》なんだ

しっかり勉強《べんきょう》すればよいのじゃ。

受験《じゅけん》にはいろいろな種類《しゅるい》がある？

例《たと》えば、さまざまな理由《りゆう》で高校を卒業《そつぎょう》できなかったなどの場合でも、勉《べん》強《きょう》をして試験《しけん》を受《う》けて合格《ごうかく》できれば高校卒業資格《そつぎょうしかく》をもらえる試験《しけん》がある。「高等学校卒業程度認定試験《こうとうがっこうそつぎょうていどにんていしけん》」といって16歳以上《さいいじょう》であればだれでも受験《じゅけん》ができるんだ。受験《じゅけん》には、たくさんの種類《しゅるい》がある事《こと》も知っておくといいよ。

受験《じゅけん》については、わかったかな？　しかし、夢《ゆめ》の実現《じつげん》には大切なことがもっとあるぞ！

ユメ子ちゃんの夢《ゆめ》をかなえるために必要《ひつよう》なこと

☆世界《せかい》を知ること、日本にくわしくなること

●世界《せかい》中の人を招待《しょうたい》できるペンションをするには？

食

おもてなしの心を持《も》って、おいしいお料理《りょうり》をごちそうすることができたらいいよね。そのためには、日本の伝統料理《でんとうりょうり》はもちろん、世界中《せかいじゅう》の料理《りょうり》について知っていたらすてきじゃな。

言葉《ことば》

外国の人とコミュニケーションがとれるように英語《えいご》が話せると便利《べんり》じゃ。もちろん、そのほかの外国語を勉強《べんきょう》するのもいいのう。自分の好《す》きな日本語を外国の人に教えられたら、それも楽しいはずじゃ。

歴史《れきし》

訪《おとず》れる外国の人にしっかり日本の歴史《れきし》を伝《つた》えられたら、カッコよくないかのう。おたがいの国の歴史《れきし》について話ができたら、それはとてもいいことじゃ。

そっか。受験《じゅけん》や勉強《べんきょう》だけでも、ダメなんだ

衣《い》

日本の伝統的《でんとうてき》な衣《い》しょうと言われて、すぐ答えられるかのう。浴衣《ゆかた》や着《き》物《もの》などは、外国の人からもとても人気がある。外国にもそれぞれ伝統的《でんとうてき》な衣《い》しょうがあり、その土地の天気や気温《きおん》によっても変《か》わってくるんじゃ。そういったことも知っているとより楽しいのう。

このきのこ、外国では食用です
ふむふむ
ほんとだ！日本では食べないけど、外国で食べるんだ！

受験《じゅけん》は入り口。真《しん》けんに考えてみること。まずは、そこからじゃ!!

住《じゅう》

日本のように〝たたみ〟で床《ゆか》に座《すわ》る文化とはちがい、イスに座《すわ》ることが多い国では家の中での生活もちがう。くつのまま、家の中で過《す》ごす国もあったり、国が変《か》わると生活も変《か》わることを知っておく必要《ひつよう》もあるのう。

そのほかにも宗教《しゅうきょう》などいろいろなちがいがあるんだ。知る事《こと》というのも大切じゃな。

パンダ

18 やっぱり仕事《しごと》は、お金持《かねも》ちになれる方がいい？

ヒロくんのもやもや
お金はぜったいたくさんあったほうがいい！
だって、その分おやつたくさん食べられるよ！
お金《かね》持《も》ちって、いいの？
お金があれば、好《す》きなものをなんでも買える！
お金がた～くさんもらえるようになりたい！
う～ん……。たしかにたくさんお金はあったほうがいいと思うけど……
でも、ヒロくんがなやんでるから、答えなくちゃ！
ヒロくんの考えは、ちょっとなあ……
お金は大切じゃ。でも本当にそれだけかな？
おみくじ
おみくじ
ガシャ
ガシャ
さて、おみくじは？

邦《くに》に道あれば穀《こく》す。邦《くに》に道なきに穀《こく》するは、恥《はじ》なり。

『論語《ろんご》』憲問第《けんもんだい》十四

◆意味《いみ》
国家が道徳《どうとく》を守《まも》っていれば仕《つか》えて俸禄《ほうろく》（給与《きゅうよ》）を受《う》け取《と》っても良《よ》い。しかし国家が道徳《どうとく》を守《まも》っていないのに俸禄《ほうろく》を受《う》け取《と》るのは恥《はじ》だ。

仕事《しごと》をしてお金をもらうこと、というのは大切なことじゃな。しかし、お金のためにだけ働《はたら》くのは、ちとちがうかのう。

わしの理由《りゆう》はみんなの笑顔《えがお》のためじゃ

お金は大切。でも、きっとそれだけじゃない。

人は生活をするためにお金が必要《ひつよう》じゃ。だから、お金をかせぐために仕事《しごと》をする。でも、仕事《しごと》はお金のためだけにあるのではないのじゃよ。

それだけじゃないとしたら？
あとはなんのためなんだろう？

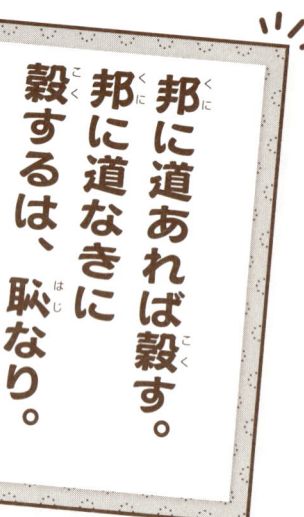

仕事《しごと》をするということは……

お金をかせぐ

社会の役《やく》に立つ

自分を成長《せいちょう》させる

やりがい

仕事《しごと》をするということにはこんな面《めん》があるんじゃや
そっか。知らなかったよ
ヒロくんだけに教えるね。わたし、パティシエになりたいんだ。おかしが好《す》きだからだけど、そんな理由《りゆう》でもいいのかな？
へぇ、そうなんだ～！

次《つぎ》のページへ

ポン子ちゃんのように

好《す》きという気持《きも》ちで、はじめた仕事《しごと》でも……

☆人を笑顔《えがお》にできる

おいしいと、食べた人によろこんでもらえる！

ポン子ちゃんがパティシエになったら……

☆成長《せいちょう》する

うでが上がって、作れるものがふえる！

☆心が満《み》たされる

満足《まんぞく》いくケーキができたよろこび！

☆お金をかせぐ

コンクールで賞《しょう》をとって、トロフィーGET《ゲット》！お給料《きゅうりょう》もアップ。

新たなやりがいが見えてくることもある。

仕事《しごと》のいろいろな面《めん》が見えてきたじゃろう?

うん!でも、お金もたくさんほしい!

仕方《しかた》がない……。では、みんなに質問《しつもん》じゃ!!

なんのために、お金が必要《ひつよう》?

おやつをたくさん買うため

夢《ゆめ》をぜんぶかなえるため!

家族《かぞく》にプレゼントをあげたいの!

もちろん、生活するのに必要《ひつよう》だからよ

おしゃれなお店を開《ひら》くため

安心《あんしん》のため

遊園地《ゆうえんち》に何度《なんど》も行くため

将来《しょうらい》、留学《りゅうがく》したいんだ!

世界《せかい》一周旅行《しゅうりょこう》に親友と行くため

大好《だいす》きな犬をたくさん飼《か》うため

実際《じっさい》に、考えてみることが大事《だいじ》。
仕事《しごと》のこと、将来《しょうらい》のこと、お金のこと。
どんなことにも、人それぞれの目的《もくてき》がある。
だからこそ、「自分は、なぜそう思うのか？」を
自分できちんと考えてみよう。

お金は
もちろん大切。
でも、
お金だけでは
ないことも
知ることが
重要《じゅうよう》じゃ

まずは想像《そうぞう》
してみて！
考えることから
スタートしよう
Animal

わたしは、ヒロくんのためのパティシエを目《め》指《ざ》すわ
ヒロくん、すてき！
そっか、考えることがどんなことも大切なんだね！
ぼくもじっくり考えてみよう！

19Q ノーベル賞《しょう》ってどうやったら、とれるの？

図書室――
すごい……マリー・キュリーさん、すごいよ！
わたしも……わたしも……
ノーベル賞《しょう》とりたい！ううん、絶対《ぜったい》とる！
やさい
図書室ではしずかにね
ハナちゃんはノーベル何賞《しょう》とりたいの？
え？ノーベル賞《しょう》ってそんなにいろいろあるの？
……

ハナちゃんのもやもや

ノーベル賞《しょう》ってすごいな〜

でも、どうしたらとれるんだろう？それにみきちゃんが言ってた、ノーベル賞《しょう》の種類《しゅるい》って？

ノーベル賞《しょう》ってどんなもの？

かんたんにはもらえない賞《しょう》っていうのは知ってるよ！

ノーベル賞《しょう》の種類《しゅるい》が知りたい！それにどんな人が受賞《じゅしょう》してるのかな？

わたしもがんばればとれるかな??ノーベル元気賞《げんきしょう》があれば絶対《ぜったい》とれるのにな〜

日本人もたくさん受賞《じゅしょう》しておるぞ
おみくじ
ハナちゃんもその一人になれるかな？おみくじはこう言っておるぞ！

学は及《およ》ばざるが如《ごと》く
するも、なおこれを
失《うしな》わんことを恐《おそ》る。

『論語《ろんご》』泰伯第《たいはくだい》八

◆意味《いみ》
学問《がくもん》は追《お》い求《もと》めても追《お》いきれないほど追究《ついきゅう》しながら、それまで学んだことをわすれてないかということも大切に考える。

夢《ゆめ》は大きく
ノーベル賞《しょう》！
いいじゃないか！
それほど一心ふらん
に学ぶときが
あっても、わしは
いいと思うぞ！

わしも
そんなとき
あったのう

まずはノーベル賞《しょう》について学んでみよう

物理学賞《ぶつりがくしょう》

化学賞《かがくしょう》

医学《いがく》・生理学賞《しょう》

文学賞《しょう》

平和賞《しょう》

経済学賞《けいざいがくしょう》

ノーベル賞《しょう》は年に
一度《ど》発表《はっぴょう》される、
世界的《せかいてき》な賞《しょう》じゃ

ここにあげた
6つの分野で、
大きな
こうけんを
した人に
おくられる
ものじゃよ

マリー・キュリー
さんがとったのは
物理学賞《ぶつりがくしょう》と
化学賞《しょう》
だったよね！

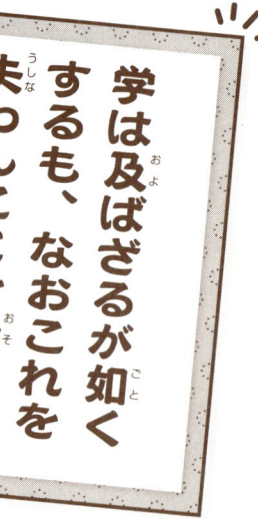

☆それぞれの賞《しょう》について

物《ぶつ》理《り》学賞《しょう》

自然現象《しぜんげんしょう》の法則《ほうそく》などを研究《けんきゅう》する「物理学《ぶつりがく》」の分野で重要《じゅうよう》な発見をした人《じん》物《ぶつ》におくられる賞《しょう》。

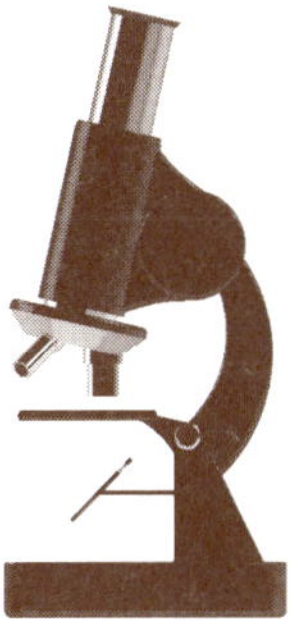

化学賞《しょう》

物質《ぶっしつ》の構造《こうぞう》や性質《せいしつ》などを研究《けんきゅう》する「化学」の分野で重要《じゅうよう》な発見などをした人物《じんぶつ》におくられる賞《しょう》。

医《い》学《がく》・生理学賞《しょう》

生物《せいぶつ》の体や細胞《さいぼう》、病気《びょうき》などを研究《けんきゅう》する「生理学」「医学《いがく》」の分野で重要《じゅうよう》な発見をした人におくられる賞《しょう》。2015年、2016年には日本人が続《つづ》けて受《じゅ》賞《しょう》している。

さいしょは5つの分野の賞《しょう》だったんじゃが、とちゅうから1つふえたんじゃ

ハナちゃんのためにわたしも説明《せつめい》するわ！

文学賞《しょう》

詩《し》や小説《しょうせつ》、評論《ひょうろん》など文学の分野ですぐれた作品をつくった人におくられる賞《しょう》。2016年には、ミュージシャンとして初《はじ》めてボブ・ディランが受《じゅ》賞《しょう》した。

経済学賞《けいざいしょう》

お金の流《なが》れなどを研究《けんきゅう》する「経済学《けいざい》」の分野ですぐれた研究《けんきゅう》をした人におくられる賞《しょう》。ノーベル賞開始当時《しょうかいしとうじ》にはなく、新たにつくられた分野。

平和賞《しょう》

世界《せかい》や人々《ひとびと》の平和、環境問題解決《かんきょうもんだいかいけつ》などにつくした人におくられる賞《しょう》。2014年には、マララ・ユスフザイが史上最年少《しじょうさいねんしょう》の17歳《さい》で受賞《じゅしょう》した。

☆日本人の受賞《じゅしょう》について

日本人は、これまでに経済学賞《けいざいがくしょう》以外《いがい》のすべての分野で受賞者《じゅしょうしゃ》を出しておる。その数も、20人以上《いじょう》にのぼり、たくさんいることがわかるの。一人ひとりの大きな努力《どりょく》や夢《ゆめ》が、受賞《じゅしょう》と結《むす》びついたのじゃ！

日本人最初《さいしょ》のノーベル文学賞受賞者《しょうじゅしょうしゃ》

川端康成《かわばたやすなり》

1968年にノーベル文学賞《しょう》を受賞《じゅしょう》した作家。小説《しょうせつ》『雪国』などの作品世界《せかい》の美《うつ》しさが高く評価《ひょうか》されたと言われておるぞ。現在《げんざい》、日本での文学賞《しょう》の受賞者《じゅしょうしゃ》は川端康成《かわばたやすなり》と、大江健三郎《おおえけんざぶろう》の二名だけなのじゃ。(2017年時点)

難病《なんびょう》の治《ち》りょうに希望《きぼう》をもたらした

京都《きょうと》大学 iPS《アイピーエス》細胞研究所《さいぼうけんきゅうじょ》所長

山中伸弥《やまなかしんや》教授《きょうじゅ》

2012年にノーベル医学《いがく》・生理学賞《しょう》を受賞《じゅしょう》。事故《じこ》や病気《びょうき》できずついてしまった体の組織《そしき》や臓器《ぞうき》の機能《きのう》をとりもどすための〝再生医療《さいせいいりょう》〟への使用が期待《きたい》される、iPS 細胞《さいぼう》を開発《かいはつ》したことが受賞理由《じゅしょうりゆう》となった。

さまざまな分野で日本人が活やくしておるぞ！
ポン

バナナの皮《かわ》は本当にすべりやすい!! で受賞《じゅしょう》『イグ・ノーベル賞』

イグ・ノーベル賞《しょう》とは、ユーモアでたくさんの人を笑《わら》わせ、考えさせてくれる研究《けんきゅう》や業績《ぎょうせき》におくられる賞《しょう》。2014年に受賞《じゅしょう》した北里大学の馬渕清資《まぶちきよし》教授《きょうじゅ》のチームは、バナナの皮が本当にすべりやすいかどうか、という研究においてイグ・ノーベル賞《しょう》を受賞《じゅしょう》したんだ。マンガなどでよく〝バナナの皮《かわ》ですべってころぶ〟場面を見るけど、研究《けんきゅう》の結果《けっか》、本当にすべりやすい事《こと》がわかったんだって！

ノーベル賞《しょう》のはじまりについて

さて、ノーベル賞《しょう》はどうしてできたのか、知っているかな？

実《じつ》は、〝ノーベル〟というのは人の名前で、そのノーベルさんがつくった賞《しょう》をノーベル賞《しょう》というんだ。ノーベルさんはダイナマイトという爆破薬《ばくはやく》を発明《はつめい》した人で、亡《な》くなった後、ゆいごんにしたがってつくられたよ。

ダイナマイトできずいた富《とみ》を、世界《せかい》に貢献《こうけん》した人たちに使《つか》ってもらおうと考えていたんだね。

ノーベル賞《しょう》を目指《めざ》すくらい何かに打《う》ちこむことも成長《せいちょう》になるのね！
わたしがんばる！
ノーベル賞《しょう》とるのを楽しみにしてるわ
ゴゴゴ
ゴゴゴ

20

がんばってるのに、ライバルとの差《さ》がなかなかうまらない……どうして？

くまおのもやもや
こんなにがんばってるのに……
いっちーのほうが、いつもテスト点数いいんだ……
がんばってるのに……
追《お》いつくどころか、むしろ差《さ》がついちゃってるような気がする
努力《どりょく》が足りないのかな？それとも、運《うん》？
くまおくん、なやんでしまっておるのう
おみくじ
おみくじ
ガシャ
ガシャ

百戦百勝《ひゃくせんひゃくしょう》は善《ぜん》の善《ぜん》なる者《もの》にあらざるなり。戦《たたか》わずして人の兵《へい》を屈《くっ》するは善《ぜん》の善《ぜん》なる者《もの》なり。

『孫子《そんし》』謀攻篇《ぼうこうへん》

◆意味《いみ》
『百戦百勝《ひゃくせんひゃくしょう》』は、一番にすぐれたものではない。戦《たたか》わずして敵《てき》を屈服《くっぷく》させるのが、一番にすぐれたことである。

どうしても勝《か》てないのなら、いっそ味方《みかた》にしてはどうかの？自分の弱点をライバルにきいてみるのじゃ！

得意《とくい》な人に教えてもらう！

そんなときは思いきって、なやまずに相談《そうだん》しちゃおう！

思い切って聞いてしまえばいいんじゃよ ヒロくんを見習《みなら》うのじゃ！
いっち〜〜!! ここ、教えて〜!! コツも!!

★ライバルだからこそ、コツを知っているのかも

自分より、何か得意《とくい》なことがあるライバルには正直に相談《そうだん》してみるのもいいんだ！

得意《とくい》な人にきくとコツやポイントがわかるかもしれんのう

勇気《ゆう き》を出してきいてみよう!!

いっちー！昨日《きのう》のテストで教えてほしいところがあるんだけど……
いいよ！あの問題《もんだい》は解《と》くのにコツがあるんだ！

それに……ライバルだって同じようになやんでいるかもしれない

得意《とくい》なこと、
苦手《にがて》なことを
それぞれ、
相談《そうだん》し合える。
そんなライバル
できたら、
いいよね。

よい関係《かんけい》に
なったのう。
これこそ、
おたがいを
みがきあう
真《しん》のライバル
じゃよ！

21 負《ま》け組《ぐみ》って、どういうこと？

キン太《た》のもやもや
勝《か》ち組《ぐみ》、負《ま》け組《ぐみ》ってどういう意味《いみ》？
人生にも勝《か》ち負《ま》けってあるの？
勝《か》ち負《ま》けなんて、あるの？
そもそも人生の勝《か》ち負《ま》けってどういうこと？だれか決《き》めてるのかな？
勝《か》ち負《ま》けっていうくらいだから、どうせなら勝《か》ちたいな……
勝負《しょうぶ》に勝《か》ち負《ま》けはたしかにある。じゃが……
人生となると、どうかのう……？
おみくじ
おみくじ
ガシャ
ガシャ

わが道は一以《もっ》てこれを貫《つらぬ》く。

『論語《ろんご》』里《り》仁《じん》第《だい》四

◆意味《いみ》
わたしの道は、一つのことで貫《つらぬ》かれている。

人生は勝《か》ち負《ま》けではない。みんな、自分の人生を歩んでいるんじゃ。自分をじゅう実《じつ》させ、人としてステキな人でいることが大切なんじゃよ。

わしは毎日が楽しいぞ！

勝負《しょうぶ》に勝《か》ち負《ま》けはある。でも人生においては、それだけではない。

テニスの試合《しあい》で勝《か》ったカリンちゃん
負《ま》けたみきちゃん
やっぱりテニスがんばっててよかった！自信《じしん》がついたわ
やっぱりテニスではカリンちゃんにかなわないわ～わたしはわたしでがんばりましょう

勝《か》ちもあれば、負《ま》けもある。

じゃが、勝《か》てさえすればいいのかのう？

「勝《か》ち組《ぐみ》」とは……？

ときどき、テレビや雑誌《ざっし》、インターネットなどで目にする言葉《ことば》だよね。「成功《せいこう》した人たち」という意味《いみ》でつかわれていることが多いようだけど、それをそのまま受《う》けとっていいのかな？
この言葉《ことば》に限《かぎ》らず、テレビやネットなどに登場《とうじょう》する言葉《ことば》やニュースなどの情報《じょうほう》は、一度《いちど》、自分なりに考えてみられるといいね。

たとえば

つな引き
負《ま》けた白組
勝《か》った赤組
負《ま》けちゃったけど……
次《つぎ》は練習《れんしゅう》して勝《か》ちたいね！あとちょっとだったもん！
自分でもびっくりするくらい、力が出たよ！
わーい！！
練習《れんしゅう》したかいがあったね～

負《ま》けても手に入ること、気づくこともあるんだ……

でも、「勝《か》ちたい！」この気《き》持《も》ちは、すばらしい目的《もくてき》

勝利《しょうり》はうれしい。だからがんばれる。

スポーツでも勝《か》てると気《き》持《も》ちがいいよね。何かに勝《か》ちたい！と思うことは、とても大切なこと。目的《もくてき》として持《も》つことは、いいことなんだ！

●勝《か》ち負《ま》けにまつわることば1

「勝利《しょうり》はもっとも忍耐《にんたい》強い人にもたらされる」

これはフランスのナポレオン皇《こう》帝《てい》の名言といわれているよ。勝《か》ち負《ま》けは、すぐに決まるものではないし、逆転《ぎゃくてん》もある。最後《さいご》に勝利《しょうり》する人は、苦《くる》しいときをたえぬいた人だということ。たくさんの戦《たたか》いをしてきたナポレオンこその言葉《ことば》かもしれないね。

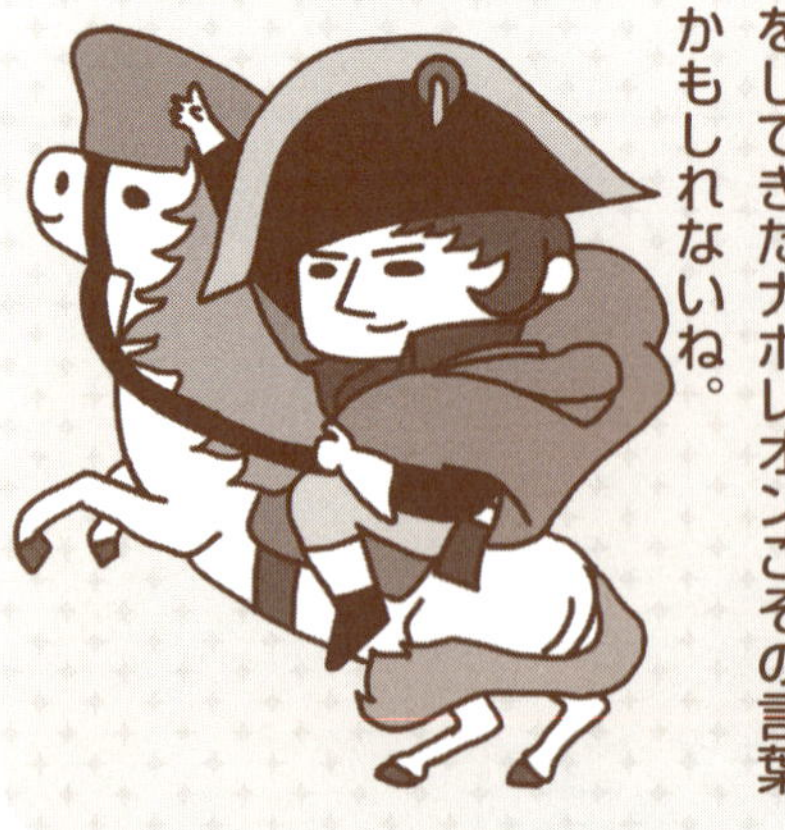

「がんばり」から次《つぎ》へつながるものをつかみとろう

勝《か》ちたい!!と思ってがんばると、たとえ負《ま》けたとしてもむしろ自信《じしん》がつくことが多いんだ!

今回うまくいかなくても、また次《つぎ》があるって思えるようになったかも

ここまで、がんばれたんだもん

●勝《か》ち負《ま》けにまつわることば2

「勝《か》ってかぶとの緒《お》をしめよ」

武士《ぶし》は、勝《か》つとほっとしてかぶとのひも（緒《お》）をゆるめがちだが、そのすきをねらわれる。油断《ゆだん》にも注意《ちゅうい》という意味《いみ》。

「負《ま》けるが勝《か》ち」

勝《か》てさえすればよいわけではない。負《ま》けて得《え》るものがあるならば、あえて負《ま》ける道もあり、むしろそれが勝《か》ちともいえる、ということ。

きみたちに
必要《ひつよう》なのは、
勝《か》ち負《ま》けを
気にせずに、
まずは
せいいっぱい
やってみること!!

夢《む》中《ちゅう》で
本を
読む

めい
いっぱい
遊《あそ》ぶ

目標《もくひょう》を
立てて
みる

気になることをとことん調《しら》べる

げんかいにいどむ！

好《す》きなことをあきるまでやる！

新しいことにもどんどんチャレンジしてみる！

大切なのは、勝《か》ち負《ま》けではなく、やってみることなんだ！

それから、どうなった？ ～エピローグ～

今日の算数わからないところ、教えてくれないかな？
いいわよ。わたしも復習《ふくしゅう》できるし
そうだ！せっかくだからわたしの家でいっしょに宿題《しゅくだい》しましょ
それいいね！すごく助《たす》かる！
今日は宿題《しゅくだい》多いものね
あ！ふたりとも帰るの？またあした
ヒロくんばいばーい
図書室で本返《かえ》してから帰ろう
お！あれはコウくんだ

逆上《さか》がりの練習《れんしゅう》かな？がんばれ〜！
図書室
さて、はやく本返《かえ》さなきゃ
あ！いっちーだ！
やあ、ヒロくんも本を借《か》りにきたの？
だったらこの本がおすすめだよ〜
短《みじか》くて面白《おもしろ》い話がたくさん入ってるんだ
面白《おもしろ》そう！ありがとう、それ借《か》りてく！

図書室
お！ヒロじゃん
ヒロが図書室なんてめずらしいな
最近《さいきん》本を読む練習《れんしゅう》してるんだ〜
まだ短《みじか》いお話ばかりだけど
そういえばキン太《た》も最近《さいきん》よく先生に質問《しつもん》してるよね
おう！最近《さいきん》はわからない事《こと》をわからないままにしないようにしてるんだ！
そっか〜、いっしょにがんばろうね

あとがき

「どうしたらいいんだろう…」

きみには、なやみがあるかな？

「なぜ？　どうして？」

心に引っかかるぎもんはあるだろうか？

あるよね。あって当たり前。

大昔《おおむかし》からずっと、人間はみんな、なやんできたんだから。

でも、
なやみとつきあいながらも、
わたしたちは生きていかなくちゃならない。

この本には、なやみとつきあうコツが出ているよ。

もちろん、きみのなやみとそっくり同じものはないだろう。

たとえ、同じだとしても、キャラクターたちと同じようには

「おみくじ」で登場《とうじょう》する、『論語《ろんご》』『孫子《そんし》』について……

この本の中の「おみくじ」の元《もと》となった、『論語《ろんご》』『孫子《そんし》』は、パンダ校長の持《も》っているおみくじの言葉《ことば》として、わかりやすく解釈《かいしゃく》がなされています。『論語《ろんご》』とは、今から約《やく》二千年以上《いじょう》前に成立《せいりつ》したとされる、世界的《せかいてき》に有名な中国の古典です。中国の思想家《しそうか》「孔《こう》子《し》」自身《じしん》の言行や弟子《でし》たちとの対話《たいわ》を記《しる》したもので、孔子《こうし》の没《ぼっ》後《ご》、門弟《もんてい》によって編纂《へんさん》されたと言われています。『孫子《そんし》』は、中国最古《さいこ》の兵法書《へいほうしょ》で「孫武《そんぶ》」などの作と言われています。どちらも長く読みつがれ、人生や悩《なや》みのヒントとなるような言葉《ことば》がたくさんつまっています。ここでは紹介《しょうかい》しきれない言葉《ことば》もたくさんあります。興味《きょうみ》がわいたら、ぜひ『論語《ろんご》』や『孫子《そんし》』の本も読んでみてくださいね。

パンダ校長

解決《かいけつ》できないかもしれない。
でも、「おみくじ」の答えや、キャラクターたちが、何かヒントになればいいね。
苦手《にがて》な勉強《べんきょう》は毎日少しずつやってみることとか、ライバルにコツをきいてみるとか。
将来《しょうらい》については考えてみることが大切だったり、
やりたいこと、やってみたいことにチャレンジするとか。
もしかしたら、キャラクターたちの言葉《ことば》や行動《こうどう》が、自分とはちょっとちがうかな？
と、思うことがあるかもしれない。
そんなときは、その思いを大切にしよう。
そのちがいを知ることが、きみの生き方に、ぶれないしんをつくるから。
きみの毎日を、心から応《おう》えんしているよ。

「毎日を生きるコツ」編集委員会

おうちの方へ

この本は子どもたちの生活で生じる悩みや腑に落ちない疑問を通じて、毎日を生きる意欲を持てることをねらいにしています。Q&A形式の構成ですが、決して正解として述べているわけではありません。悩みは一人一人違うもので、解決方法も一律ではありません。どうぞお子さんとたくさん会話をし、最適な解決を見つけてください。お子さんのたくましい成長を、心よりお祈り致します。

※『論語』、『孫子』はわかりやすさを考慮し、新字体の書き下し文で表記し、適宜ひらがなに直し、ふりがな、句読点等を入れております。

きみたちのSOSにこたえる　3巻

毎日を生きるコツ　勉強・将来・習い事

2017年11月7日　第1刷発行
2018年1月5日　第2刷発行

編集　「毎日を生きるコツ」編集委員会
ブックデザイン　小笠原准子（アトムスタジオ）
イラスト　my　カオルン　川下隆

発行人　川田夏子
編集人　小方桂子
編集担当　山潟るり　岡あずさ
協力　株式会社ジムプロ（Q9・P70−71）、株式会社イースリー（Q9・P71）
編集協力　入澤宣幸　上埜真紀子

発行所：株式会社　学研プラス
〒141-8415　東京都品川区西五反田2-11-8
印刷所：共同印刷株式会社

参考文献：『新訂孫子』金谷治 訳注／岩波書店
『論語』金谷治 訳注／岩波書店
『論語なかよしかるた』竹内貴久雄 著／学研
『「孫子の兵法」がわかる本』守屋洋 著／三笠書房
『論語（ビギナーズ・クラシックス 中国の古典）』加地伸行 著／角川書店
『受験脳の作り方』池谷裕二　著／新潮社

●この本に関する各種お問い合わせ先
本の内容については　Tel 03-6431-1615（編集部直通）
在庫については　Tel 03-6431-1197（販売部直通）
不良品（落丁、乱丁）については　Tel 0570-000577
学研業務センター
〒354-0045　埼玉県入間郡三芳町上富279-1

●上記以外のお問い合わせは下記まで
Tel 03-6431-1002（学研お客様センター）